KB017525

검사는 문관이다

BOOK
JOURNALISM

검사는 문관이다

발행일 ; 제1판 제1쇄 2017년 5월 11일 제1판 제6쇄 2021년 10월 29일
지은이 ; 임수빈 발행인·편집인 ; 이연대
CCO ; 신기주 프린트 디렉터 ; 전찬우 에디터 ; 서재준
제작 ; 강민기 디자인 ; 유덕규 지원 ; 유지혜 고문 ; 손현우
펴낸곳 ; ㈜스리체어스_서울시 중구 한강대로 416 13층
전화 ; 02 396 6266 팩스 ; 070 8627 6266
이메일 ; hello@bookjournalism.com
홈페이지 ; www.bookjournalism.com
출판등록 ; 2014년 6월 25일 제300 2014 81호
ISBN ; 979 11 86984 10 9 03300

BOOK
JOURNALISM

검사는 문관이다

임수빈

: 검사는 공익의 대표자로서 인권 옹호 기관이다. 그런데 요즘에는 '살인검을 휘두르는 검찰'이라는 비판을 듣는다. 권력을 지향하거나 권력의 눈치를 보며 칼을 잘못 휘두른 탓이다. 검사는 무관이 아니라 문관이어야 한다. 검사의 기본 업무는 칼잡이가 아니다. 공익의 대표자로서 인권을 보장하고 사회 구성원들이 적법 절차를 준수하게 만드는 것이 가장 중요한 임무다.

차례

수사는 '잘' 하는 것보다 '바로' 하는 것이 중요하다

한국의 형사 사법 체계에서 검찰이 차지하는 비중은 막대하다. 그 크기만큼 국민과 국가에 미치는 영향도 지대하다. 검찰권 행사가 헌법과 법률에 의해 일정한 규제를 받는 이유도 여기에 있다. 그러나 검찰권이 남용되면서 검찰은 영향력만큼의 신뢰를 얻진 못하고 있다. 국가 기관 신뢰도 조사에서 검찰은 거의 매번 꼴찌를 기록하거나 하위권을 맴돈다. 국민은 검찰을 믿지 못한다.

'대한민국은 검찰 공화국'이라는 말이 있다. 검사들이 정치권력과 야합해 민주 공화국인 대한민국을 자신들의 세상으로 바꿔 놨다는 뜻이다. 검찰 공화국에선 검사들이 승진을 위해 정치권력과 결탁하고, 더 큰 출세를 위해 정치권력의 도구를 자처하는 악순환이 반복된다. 정치 지향적인 검사들이 조직을 장악하면서 검찰은 정치권력의 요구에 더욱 민감하게 반응한다. 검사들은 검사라는 직업을 천직이라기보다 출세의 발판으로 여긴다.

검사는 공익의 대표자로서 인권 옹호 기관이다. 그런데 요즘에는 '살인검을 휘두르는 검찰'이라는 비판을 듣는다. 권력을 지향하거나 권력의 눈치를 보며 칼을 잘못 휘두른 탓이다. 검사는 무관이 아니라 문관이어야 한다. 비리를 규명하고 단죄한다는 차원에서 칼을 휘두른다고 생각할 수 있으나 검사의 기본 업무는 칼잡이가 아니다. 공익의 대표자로서 인권을 보장하고 사회 구성원들이 적법 절차를 준수하게 만드는 것이 가장 중요한 임무다.

검찰권은 실로 다양한 방식으로 남용되고 있다. 표적 수사가 대표적이다. 표적 수사는 범죄 혐의를 발견해 죄를 처벌하기보다는 특정한 사람의 죄를 짜내 사법 처리하는 데 수사의 목적이 있다. 미국과 일본에서도 큰 문제로 지적되는 검찰권 남용의 유형이다. 한국에서도 한명숙 전 총리 사건, 정연주 전 KBS 사장 사건, 이른바 '미네르바' 사건 등 굵직한 사건들이 표적 수사의 사례로 논란이 되고 있다.

타건他件 압박 수사는 본건本件과 관련 없는 내용을 빌미로 피의자를 압박하는 수사 기법으로서 명백한 불법 수사다. 피의자 입장에서는 가혹 행위에 해당하기 때문에 반드시 금지해야 한다. 타건 압박 수사는 목표가 정해진 수사다. 피의자를 조사하는 과정에서 필연적으로 심리적 압박이 발생한다. 벼랑 끝에 몰린 피의자가 자살을 택하는 경우도 많다. 사람을 죽게 만드는, 이른바 살인적 수사 방법인 것이다.

흔히 '밤샘 조사'로 표현되는 과도한 심야 조사도 개선이 필요하다. 자정을 넘기면 피조사자의 동의를 얻어 조사가 진행되는데, 형식적인 절차에 불과하다. 검찰 조사 과정에서 심리적으로 위축된 피의자가 검사의 동의 요구를 거부하긴 어렵기 때문이다. 심야 조사는 원칙적으로 금지하되 예외적으로만 허용해야 한다. 피의자 또는 변호인의 동의가 있으면 심야 조사를 할 수 있도록 한 규정도 삭제해야 한다. 심야 조사가 허용되는 시간을 앞당기면 이런 문제를 다소나마 해결할 수 있다. 자정 전에 조서 열람까지 모두 마칠 수 있게 시간을 당겨야 한다.

수사 과정에서 검찰의 의도에 따라 피의 사실이 언론에 공표되는 것도 문제다. 피의 사실 공표는 형법으로 엄격히 금지돼 있으나 실제로는 공공연하게 이뤄진다. 그 배경에는 '피의자 망신 주기'식의 나쁜 의도가 담겨 있는 경우가 많다. 그러나 최근 10년 동안 검찰에서 피의 사실 공표 혐의로 검찰 관계자를 기소했다는 이야기는 들어 보지 못했다.

검찰은 자신들의 방식엔 오류가 없다고 믿고 있다. 아니, 그렇게 믿고 싶은 것 같다. 검찰은 '무오류의 신화' 속에 살고 있다. 그러다 보니 '잘못했다'는 자기반성을 절대로 하지 않으려 한다. 검찰의 과거사 정리나 재심 사건 처리 과정을 보면 명백하게 알 수 있다.

과거 검찰은 판사를 대신해 피의자에 대한 구속, 불구속 여부를 사실상 결정하는 힘이 있었다. 바로 이 점이 검찰이 무오류의 신화에 빠지게 된 원인 중 하나다. 그렇지만 이제 시대가 바뀌었다. 무오류의 신화가 생겨나게 된 배경 자체가 변했기 때문에 신화는 더 이상 유지될 수 없다. 그럼에도 검찰은 변화를 거부하고 있다. 자신들은 어떤 잘못도 저지르지 않는다는 신념 아닌 신념을 간직하려고 애쓰고 있다.

무오류의 신화는 투명하지 못한 검찰의 수사 절차와 명확하지 못한 수사 방법을 통해 한층 굳건해진다. 검찰권 남용을 막으려면 수사의 절차와 방법을 구체적으로 명문화해 법제화해야 한다. 피의자의 인권을 보장하는 차원에서도 의미가 있다. 법무부 훈령인 '인권보호수사준칙'을 개정하고 궁극적으로는 가칭 '수사 절차법'을 제정해 법률로 강제하면 수사의 절차와 방법을 명확히 할 수 있다.

법원에서 시행 중인 양형 기준제와 마찬가지로 기소 기준제를 도입할 필요가 있다. 기소 기준제는 점수를 매겨 기소·불기소 및 입건 여부를 결정하는 제도다. 각 범죄별로 기본적인 점수를 부여한 다음 가중되거나 감경되는 사유에 따라 점수를 더하거나 빼는 방식으로 최종 점수를 산출하여, 이 최종 점수를 공소 제기의 기준이 되는 점수(기준 점수)와 비교하여 기소·불기소 및 입건 여부를 결정하면 된다. 이렇게 하면 사건 처리의 공정성·객관성이 제도적으로 보장될 수 있다.

검찰의 피의자 신문 조서가 누리고 있는 과도한 특혜도 폐지해야 한다. 검사가 작성한 피의자 신문 조서는 일단 작성되기만 하면 피고인의 부인否認 여부와 관계없이 재판 과정에서 증거로 채택돼 왔다. 증거 능력 면에서 다른 수사 기관이 작성한 조서보다 우월적인 지위를 누리고 있는 것이다. 이로 인해 검사 입장에선 강압 수사의 유혹을 받게 된다. 조서는 강압 수사에 의해 왜곡될 위험이 있는 만큼 피의자 측이 내용을 인정하는 경우에 한해서만 증거 능력을 부여해야 한다. 공정한 재판을 위해 법원이 추구하는 공판 중심주의와 구두 변론주의를 실현하기 위해서라도 조서의 증거 능력 제한이 필요하다.

검찰권 남용에 대한 법리 해석도 지금보다 적극적으로 해야 한다. 타건 압박 수사 등 수사 및 조사 과정에서 발생하는 가혹 행위의 범위를 넓게 해석해 법적으로 금지하는 것이 하나의 예다. 또 형식적으로 적법하더라도 실질적으로 재량권을 벗어난 공소권 행사라면 반드시 통제가 필요하다. 공소권 남용에 대한 대법원의 소극적인 입장도 큰 걸림돌이다. 후술하겠지만 대법원의 소극적 입장을 대신하여 하급심이 적극적으로 대처하고 있다.

아울러 외국 사례를 참조해 검찰권 남용을 통제하는 과정에 시민을 참여시켜야 한다. 미국의 대배심 제도와 일본의 검찰심사회 제도는 대표적인 시민 참여 제도다. 미국의 대배심 제도는 시민이 검사의 기소 단계에 직접 참여해 검사의 기소 재량권 남용을 사전에 통제할 수 있도록 설계됐다. 일본의 검찰심사회 제도는 검찰관의 부당한 불기소 처분을 사후에라도 바로잡을 수 있는 제도로 재판원 제도와 함께 일본 형사 사법에서 시민 참여를 구현하는 쌍두마차로 인정받고 있다. 미국과 일본의 제도를 연구하면 현재 검찰이 운영하는 검찰시민위원회 제도의 발전 방향을 찾을 수 있을 것이다.

검찰은 외부의 목소리에 조금 더 귀를 열어야 한다. 대한변호사협회가 2015년 10월 사법사상 최초로 검사평가제를 시행하겠다고 발표했을 때 검찰의 반발은 대단했다. 법정 공방의 대상이 내리는 평가는 공정하지 않다는 목소리도 있었다. 그러나 맹목적 감정이 아니라 합리적 이성에 근거하고 객관적 사실에 기초해 평가한다면 변호사의 평가라도 공정성을 가질 수 있다. 특히 검찰 수사는 비공개로 진행되기 때문에 더더욱 감시하고 평가해야 한다. 검사 옆에서 검사의 행태를 지켜볼 수 있는 변호사가 검사를 평가하는 것은 적절하다고 본다. 법정 공방의 상대라는 이유로 검사에 대한 변호사의 평가가 부적절하다는 비판은 타당하지 않다.

검찰권 남용을 통제하고자 하는 이유는 단순하다. 검찰권이 남용되면서 많은 국민의 기본권이 침해당하고 형사 사법의 정의가 왜곡되고 있기 때문이다. 검찰에 몸을 담았을 때는 전체 사건의 1퍼센트도 안 되는 정치적 사건의 처리에만 문제가 있어 이런 비판을 받는다고 치부했다. 그러나 검찰을 떠난 뒤 비로소 깨달았다. 검찰권은 검찰 업무 전반에 걸쳐 광범위하게 남용되고 있었다. 그러는 사이 국민의 불신도 차곡 차곡 쌓여 왔을 것이다.

이 책은 미시적 관점에서 검찰권 남용 통제 방안을 다룬다. 고위공직자비리수사처(약칭 공수처) 설치, 검경 수사권 조정 등 굵직하면서도 민감한 문제는 일부러 제외했다. 그런 문제는 이미 충분히 논의되어 사실상 정치적 결단만 남았다고 생각한다. 이제는 거시적인 문제 못지않게 미시적인 문제도 중요하다는 사실을 독자들이 인식하면 좋겠다. 검찰권 행사의 실무적 과정에서부터 변화가 일어나야 검찰 조직 전체가 바뀔 수 있다. 검찰권 남용 문제는 남의 일이 아니다. 검찰 수사와 검찰권 남용을 직접 경험하게 되는 순간은 누구에게나 갑작스레 찾아올 수 있다.

세상이 변했다. 그런데 검찰만 변하지 않고 있다. 검찰도 이제 세상을 바로 볼 필요가 있다. 검찰권 남용을 유효적절하게 통제하면 피의자 및 사건 관계인의 인권은 더욱 보장받고 검찰에 대한 신뢰는 상승할 것이다. 일선 검사들의 우려와 달리 검찰에게 오히려 큰 도움이 될 것이다. 그런 의미에서 검찰권 남용의 통제는 검찰 스스로 나서 적극적으로 해결해야 할 문제이기도 하다.

1

성과의 유혹

털면 먼지 난다

검사가 수사를 개시할 수 있는 법적 요건은 형사소송법에 명시돼 있다. 형사소송법 제195조에 의하면 검사는 범죄의 혐의가 있다고 판단하면 수사를 개시한다. 동법에 따라 검사의 수사는 피해자의 고소나 제3자의 고발에 의해서도 가능하다.

그런데 범죄 혐의나 고소, 고발이 있어서 수사하는 것이 아니라, 먼저 어떤 사람을 대상으로 삼아 무슨 혐의가 없는지 수사하는 경우도 있다. 이것을 '표적 수사'라고 한다. 검찰은 표적이 된 사람의 범죄 혐의를 찾아내기 전까지 수사를 종결하지 않는 집요함을 보이기도 한다. 검찰권의 남용은 바로 여기서부터 시작된다고 할 수 있다.

표적 수사는 한국의 문제만은 아니다. 미국 법무부 장관을 거쳐 연방 대법원 판사까지 역임한 로버트 잭슨Robert Jackson은 이미 1940년경에 '검사의 가장 무서운 권력'은 검사가 싫어하거나 곤란하게 만들고 싶은 특정인이나 특정 집단을 선택한 다음, 그들의 범죄 사실을 찾는 데서 나온다고 주장했다.

일본에서도 2010년 9월 불거진 이른바 '오사카 검찰 증거 조작 사건'[1]을 계기로 표적 수사의 문제가 점화됐다. 일본 최고검찰청은 2011년 9월 '검찰의 이념'이라는 제목으로 검찰관 행동 강령을 공표했다. 목표로 삼은 특정인의 처벌에만 급급해하는 현실을 반성하며, 검찰을 개혁하는 작업의 일환이었다.

표적 수사는 원인에 따라 세 가지로 분류할 수 있다. 먼저 검사 스스로 어떤 표적을 정하고 집중적으로 수사하는 '독자적 표적 수사'가 있다. 또 상부 기관의 명령에 따라 수사하는 '하명下命 수사'가 있다. 마지막으로 사인私人으로부터 부정한 청탁을 받아 수사하는 경우로서, '청탁 수사'라고 한다. 표적 수사는 원인이 어디에 있든 수사의 과정보다 수사의 결과를 중시하기 때문에 그 과정에서 많은 문제점이 발생할 여지가 있다. 한국의 경우 이명박 정부 시절의 한명숙 전 총리 사건, 정연주 전 KBS 사장 사건, 그리고 미네르바 사건이 표적 수사의 예로 거론되기도 한다.

표적 수사로 논란이 가장 많이 되고 있는 사건은 한명숙 전 총리 사건이라고 할 수 있다. 한 전 총리 사건은 1차 사건과 2차 사건으로 구분된다. 1차 사건은 한 전 총리가 곽영욱 전 대한통운 사장으로부터 인사 청탁 명목으로 뇌물 5만 달러를 받았다는 혐의로 기소된 사건이다. 이 사건은《조선일보》의 보도로 알려졌다.《조선일보》는 2009년 12월 4일자 1면 톱기사로 "한 전 총리가 대한통운으로부터 수만 달러의 비자금을 받았으며 검찰이 수사를 진행 중"이라고 보도했다. 검찰은 한 전 총리를 조사한 후 2009년 12월 22일 뇌물 수수 혐의로 불구속 기소했다.

검찰은 공소 사실을 입증할 만한 뚜렷한 물증을 제시하진 못했다. 뇌물 5만 달러를 줬다는 곽 전 사장의 진술의 신빙

성이 1심 재판의 쟁점이 되었다. 곽 전 사장은 검찰 조사 과정
에서도 두 번이나 진술을 바꿨던 것으로 재판 과정에서 드러났
다. 처음에는 10만 달러였던 뇌물의 액수가 3만 달러로 바뀌었
다가 최종적으로 5만 달러가 된 것이다.

문제는 곽 전 사장이 진술한 내용의 변경 과정이 검찰
이 재판부에 제출한 수사 기록에는 한 글자도 나오지 않았다
는 것이다. 재판부 역시 검찰이 곽 전 사장의 진술 변경을 기록
하지 않아 진술이 실제로 있었는지 알 수 없다고 지적했다. 이
런 사실이 드러나자 곽 전 사장이 검찰 조사 과정에서 강압 수
사를 받거나 검찰 측의 회유나 협박이 있었는지가 새로운 쟁
점으로 떠올랐다.

검찰은 의혹을 부인했지만 법원의 판단은 달랐다. 1심 재
판부는 판결문에서 "곽 전 사장은 70세의 고령으로서 많은 질
병에 시달리고 있었는데, 계속 구치소에 있다가는 사망한 후에
나 구치소를 벗어날 수 있겠다는 극단적인 공포를 느꼈다고 진
술하고 있고, 곽 전 사장이 횡령 혐의로 구속된 후 뇌물과 관련
해 검찰에서 조사를 받은 시각과 시간을 보면 곽 전 사장으로
서는 새벽 2시까지 이어지는 조사와 면담으로 인해 생사의 기
로에 서는 극단적인 두려움을 느꼈을 것으로 추정되며, 곽 전
사장이 '구치소 동료들이 일단 들어오면 거의 뒷문으로 나간다
고 그러더라. 밤에 서너 번 정도 의료과장이 왔다 가기도 했다.

그래서 살려 달라고 검사님께 말했고, 여기서 죽어 나간다는 것이 억울하다고 생각했다' 등의 두려웠던 심정을 진술하고 있고, 나아가 곽 전 사장이 '횡령 사건 조사 중에 검사가 전주고등학교 나온 놈들 대라고 말했다, 정치인 대라고 그랬고, 대다 보니 시간이 지나가 버렸다'고 진술하고 있는 점을 보면 곽 전 사장의 수사 기관 및 법원에서의 진술이 모두 자유스러운 상태에서 이루어진 것은 아니라고 보인다"라고 판시했다.

결국 한 전 총리에게 돈을 줬다는 곽 전 사장 진술의 신빙성 문제로 1심은 한 전 총리에게 무죄를 선고했다. 검찰은 항소했으나 2심에서도 1심과 같은 판결이 나왔고 한 전 총리는 2013년 3월 대법원의 판결로 무죄가 최종 확정됐다.

한 전 총리의 1차 사건은 표적 수사 과정에서 검찰의 강압 수사나 회유·협상이 있을 개연성을 보여 줬다. 표적 수사가 야기하는 가장 큰 문제점을 드러낸 사건이다. 표적이 된 사람에게 특정 범죄를 덮어씌우기 위해서는 증거가 필요한데, 그 증거를 확보하기 위해 강압적인 수사나 회유·협상 등이 불가피한 측면이 있기 때문이다.

한 전 총리의 2차 사건은 1차 사건의 재판이 진행되던 2010년 4월 8일《동아일보》의 보도로 알려졌다. 한 전 총리가 한만호 전 한신건영 사장으로부터 세 차례에 걸쳐 총 9억 원의 불법 정치 자금을 수수했다는 것이었다. 한 전 총리의 서울시장 선거 출마가 예상됐던 6·2 지방 선거를 불과 두 달여 앞둔 상황이었다. 검찰은 한 전 총리의 출마가 확정되자 수사 유보 결정을 내렸고, 한 전 총리가 낙선하자 수사를 재개했다. 그런데 검찰은 한 전 총리의 여동생을 상대로 '공판 기일 전 증인 신문'을 실시한 후 한 전 총리는 한 차례도 조사하지 않고 공소를 제기했다.

2차 사건에서도 뚜렷한 물증이 없어 한 전 사장 진술의 신빙성이 결정적 판단 기준이 될 수밖에 없었다. 그런데 한 전 사장은 검찰에서 한 자신의 진술을 법정에서 번복했다. 한 전 총리에게 돈을 준 적이 없으며 한 전 총리가 누명을 쓰고 있다는 것이 그의 법정 증언이었다. 1심 재판부는 이 사건의 유일한 직접 증거인 한 전 사장의 검찰 진술과 법정 증언이 일관성이 없어 신빙성이 낮다는 이유로 2011년 10월 한 전 총리에게 무죄를 선고했다.

검찰의 항소로 진행된 2심 재판에서 사건은 전혀 다른 국면으로 전개됐다. 2심은 "한 전 사장이 검찰에서 한 진술이 법정에서 한 증언보다 더 믿을 만하다"는 이유로 한 전 총리의 유죄를 인정해 2013년 9월 징역 2년에 추징금 8억 8000만 원을 선고했다. 그런데 2심 재판부는 1심의 판단을 정반대로 뒤집는 판결을 하면서도 별다른 추가 조사를 하지 않았다. 그럼에도 9억 원이라는 정치 자금 수수 금액이 검찰의 주장대로 전부 인정됐다. 대법원 역시 2015년 8월 2심 판결을 그대로 인정해 한 전 총리의 유죄를 확정했다.

이를 두고 공판 중심주의와 직접 심리주의라는 형사 소송의 대원칙을 어겼다는 비판이 쏟아져 나왔다. 그러나 8대5로 의견이 나뉜 대법원 판결에서 대법관 8명의 다수 의견은 "공판 중심주의와 실질적 직접 심리주의 등 형사 소송의 기본 원칙상 검찰 진술보다 법정 진술에 더 무게를 두어야 한다는 점을 감안한다 하더라도 한 전 사장의 법정 진술을 믿을 수 없는 사정 아래에서 단지 한 전 사장이 법정에서 검찰 진술을 번복했다는 이유만으로 피고인에게 정치 자금을 공여했다는 검찰 진술의 신빙성이 부정될 수는 없다"라고 판시했다. 또 "원심이 한 전 사장을 다시 증인으로 신문하지 않았다고 해서 공판 중심주의 · 직접 심리주의 원칙을 위반한 것이라고는 볼 수도 없다"고 설명했다.

반면 대법관 5명의 소수 의견은 "피고인이 아닌 사람이[2] 공판 기일에 선서를 하고 증언하면서 수사 기관에서 한 진술과 다른 진술을 하는 경우, 공개된 법정에서 쌍방의 교호 신문을 거치고 위증죄의 부담을 지면서 이루어진 자유로운 진술의 신빙성을 부정하고 수사 기관에서 한 진술을 증거로 삼으려면 이를 뒷받침할 객관적인 자료가 있어야 하는데, 이때 단순히 추상적인 신빙성의 판단에 그쳐서는 아니 되고, 그와 같이 진술이 달라진 데 관하여 그럴 만한 뚜렷한 사유가 나타나 있지 않다면 위증죄의 부담을 지면서까지 한 법정에서의 자유로운 진술에 더 무게를 두어야 함이 원칙이다"라며 유죄를 선고한 원심 판결을 파기하고 사건을 환송해야 한다고 주장했다.

이 사건에서 검찰은 한 전 사장을 피의자가 아닌 참고인 자격으로 70회 이상 불렀으면서도 공식적으로는 1회의 진술서와 5회의 진술 조서만 받았다. 나머지 60회 이상의 출석에 대해서는 언제부터 언제까지 무슨 내용으로 조사받고 어떤 내용으로 진술했는지 알 수 없는 것이다. 이는 검찰이 투명하지 못한 수사로 수사 과정의 적법성을 어긴 것이라고 볼 수 있다.

한 전 총리의 1·2차 사건을 들여다보면 법원의 유무죄 판결보다 검찰 수사의 과정과 배경이 더 중요함을 알 수 있다. 1차 사건에서는 법원 판결문에 나와 있듯 곽 전 사장에 대한 강압적 수사와 회유·협상의 가능성이 있었다. 2차 사건 역시 한 전 사장을 수십 회 소환했지만 단 1회의 진술서와 5회의 진술 조서만 남아 있다. 한 전 사장이 피의자가 아닌 참고인으로 조사를 받아 횡령이나 정치자금법 위반으로 처벌받지 않은 것도 문제다. 이는 수사 과정에서 이미 다른 사건으로 수감 중이던 한 전 사장이 앞으로 가석방 등의 선처를 받을 수 있을 것이라는 기대감을 갖게 하는 요인이다. 이런 맥락에서 한 전 사장의 진술은 재판 과정에서 증거로 인정되지 않았어야 했다.

한 전 총리 사건에서는 표적 수사로 인해 검찰 수사 과정의 정당성이 상당 부분 상실된 지점들이 발견된다. 검찰 수사 결과를 인정한 법원의 판결이 유죄로 나왔다고 해서 수사 과정에서 검찰의 잘못이 없어지는 것은 아니다.

정연주 전 KBS 사장은 2003년 4월 취임해 2006년 11월 재임명됐고 2008년 8월 11일 해임됐다. 해임 직후 검찰 수사를 받고 2008년 8월 20일 배임 혐의로 기소됐다. 정 전 사장은 당시 자신의 퇴진을 위해 감사원의 특별 감사, 국세청의 세무 조사와 해임, 그리고 검찰의 기소 등이 잇따라 진행된 표적 수사라고 주장했다.

당시 검찰은 정 전 사장이 세무 당국을 상대로 한 KBS의 법인세 환급 소송 과정에서 1890억 원의 손해를 끼쳤다며 배임 혐의를 적용했다. 검찰은 정 전 사장이 세무 소송 1심에서는 KBS가 1760억 원 상당의 법인세(이자 포함 시 2450억 원)를 환급받는 내용의 승소 판결을 받고도 항소심에서 세무 당국과 560억 원만을 지급받고 모든 소송을 취하하는 내용의 법원 조정안에 합의한 것이 부당하다고 주장했다. 결과적으로 차액인 1890억 원 상당의 손해를 KBS에 끼쳤다는 것이 검찰 공소 내용의 요지였다.

그러나 법원의 판단은 달랐다. 1심은 1년여 간의 심리 끝에 정 전 사장에게 무죄를 선고했다. 법원은 KBS의 세무 소송 과정에서의 조정은 법원의 관여하에 합의로 사건을 종결시키는 것이기 때문에 어느 일방에게 배임의 책임을 묻기는 어렵다고 판시했다. 또 조세 소송에서 KBS의 승소 가능성이 50퍼센트가 넘는다고 단정할 수 없었고 KBS가 승소하더라도 세무 당국이 다시 과세를 할 수 있는 상황이었기 때문에 고의성이 있는 배임이 아니라고 판단했다. 검찰은 항소했고, 사건은 대법원까지 갔으나 결국 기소 3년 4개월 만인 지난 2012년 1월 정 전 사장의 무죄가 최종 확정됐다. 이 사건은 당시 검찰이 정권의 눈치를 보고 정 전 사장을 의도적으로 '찍어 내기' 위해 표적 수사를 한 대표적 사건 중 하나로 의심받고 있다.

2008년에 불거진 이른바 미네르바 사건도 표적 수사의 사례로 꼽히곤 한다. 인터넷 포털 사이트 다음Daum의 '아고라' 토론방에서 미네르바라는 필명으로 경제 예측을 내놓던 박대성 씨는 정부의 경제 정책을 비판하는 글을 자주 게시해 주목을 받았다. '사이버 논객'이라는 별명까지 얻으며 정부를 향해 날을 세우던 박 씨는 곧 검찰의 표적이 됐다. 검찰은 미네르바의 글 중에서 정부가 외환 예산 환전 업무를 2008년 8월 1일부로 전면 중단한 것이 외환 보유고가 고갈됐기 때문이라는 글(2008년 7월 30일자)을 문제 삼았다. 정부가 금융 기관 등의 외환 거래를 금지시킨바 없음에도 불구하고, 주요 7대 금융 기관 및 수출입 관련 주요 기업에 달러 매수를 금지하도록 지시했다는 내용의 글(2008년 12월 29일자)도 타깃이 됐다. 검찰은 이 글의 내용들이 허위 사실이라며 전기통신기본법 위반 혐의를 적용해 박 씨를 기소했다. 전기통신기본법 제47조 "공익을 해할 목적으로 전기통신설비로 공연히 허위의 통신을 한 자는 5년 이하의 징역 또는 5000만 원 이하의 벌금에 처한다"는 조문을 내세운 것이다.

문제는 검찰이 박 씨가 2008년 12월 29일 글을 올리기 전에 이미 그의 인적 사항을 파악해 두었던 사실이 뒤늦게 밝혀진 것이다. 검찰은 수사 초기 박 씨의 12월 29일자 글이 토론방에 올라온 뒤 수사에 착수했다고 밝혔으나 거짓말을 한 셈이 됐다. 자연스럽게 검찰의 표적 수사 의혹이 제기됐다.

이 사건은 검찰이 애초부터 무리한 법리를 적용한 것으로 결론이 났다. 검찰이 적용한 전기통신기본법이 헌법재판소의 위헌 결정을 받은 것이다. 헌법재판소는 항소심 과정에서 박 씨 측이 제기한 위헌 확인 헌법 소원 사건에서 "헌법상 보장되는 표현의 자유를 규제하는 법률은 규제되는 법률의 개념을 세밀하고 명확하게 규정할 것이 헌법적으로 요구되는바, 전기통신기본법 제47조 제1항을 보면 '공익을 해할 목적'의 허위의 통신을 금지하고 있는데, 여기서 말하는 '공익'은 헌법 제37조 제2항 소정의 '국가의 안전보장·질서유지'와 헌법 제21조 제4항 소정의 '공중도덕이나 사회윤리'와 비교할 때 동어반복同語反復이라고 할 수 있을 정도로 전혀 구체화되어 있지 아니하고, 그 의미가 불명확하고 추상적이라고 할 것이어서, 결국 확정될 수 없는 막연한 '공익' 개념을 구성 요건 요소로 삼아 표현 행위를 규제하고, 나아가 형벌을 부과하는 위 조항은 표현의 자유에서 요구하는 명확성의 요청 및 죄형 법정주의의 명확성 원칙에 부응하지 못한다고 할 것이다"라는 이유로 전기통신기본법 제47조가 위헌이라고 판시했다. 헌재의 결정으로 검찰의 적용 법조는 무효화됐고, 박 씨는 1심에 이어 2심에서도 무죄 선고를 받았다. 검찰은 적용 법조가 헌재의 위헌 결정으로 무효화되자 대법원 상고를 포기했고 박 씨는 무죄가 최종 확정됐다.

사람 죽이는 살인적 수사

검찰이 원래는 A범죄(본건本件)를 수사하고 싶은데 관련 증거가 부족한 경우 일단 B범죄(타건他件)을 먼저 수사해 증거를 확보하고, 이후 B범죄의 증거를 내세워 A범죄에 대한 수사를 진행하는 것을 '타건 압박 수사'라고 한다. 타건 압박 수사는 때로는 강압적으로, 때로는 회유적으로, 때로는 강압적이면서도 회유적으로, 심리적·정신적 압박을 가하며 진행된다. 이런 방식으로 자백 등 검찰에 유리한 내용의 진술을 받아 낸다.

　　타건 압박 수사는 이 책에서 처음으로 제시하는 개념이다. 타건에서 증거가 확보되면 검찰은 그 증거를 내세워 본건에 대해 본격적으로 수사에 착수한다. 이런 수사 방식을 검찰은 꽤 자주 사용하고 있지만 이를 구분하는 개념은 특별히 존재하지 않았다. 그래서 이와 같은 수사 방법을 '다른 사건을 이용해 피의자나 사건 관계인을 심리적으로 압박하는 수사'라는 뜻에서 타건 압박 수사라고 정의했다.

타건 압박 수사는 이미 존재하는 개념인 '별건 구속'과는 다르게 봐야 한다. 별건 구속이란 '수사 기관이 본래 의도했던 사건의 수사를 위해 다른 사건으로 피의자를 구속하는 경우[3]', '수사 기관이 원래 수사하고자 하는 사건이 구속 요건이 갖춰져 있지 않아 구속 요건이 구비된 별건으로 일단 피의자를 구속하는 경우[4]', '피의자를 체포·구속하는 데 혐의가 충분하지 않음에도 혐의가 인정되는 별건을 이용해 체포·구속하는 경우[5]'를 의미한다. 다시 말해 별건 구속은 피의자의 신병 확보를 위해 일단 별건으로 구속한 다음 본건에 대해 수사하는 행태를 말한다.

타건 압박 수사는 세 가지 측면에서 별건 구속과 구별된다. 먼저, 타건 압박 수사는 타건을 이용해 본건에 대한 자백 등 검찰에 유리한 진술을 받아 내는 것이 주목적이다. 반면 별건 구속은 본건 수사를 위해 별건으로 피의자의 신병을 확보하는 것이 주목적이다. 간단히 요약하면 타건 압박 수사의 목적은 '본건의 증거 확보'이고, 별건 수사의 목적은 '신병 확보'다.

둘째, 타건 압박 수사에서 타건의 피의자는 본건의 피의자와 항상 일치하지는 않는다. 타건의 피의자는 본건의 피의자가 될 수도 있고 참고인이 될 수도 있다. 반면 별건 구속에서는 별건으로 구속하는 피의자가 본건의 피의자와 일치한다.

셋째, 타건 압박 수사에서 타건은 본건에 유리한 진술을 받아 내려는 압박의 목적이 달성되면 용도 폐기되는 경우가 있다. 반면 별건 구속에서 별건은 이미 구속 영장이 발부된 범죄 사실이기 때문에 정식 종결 처리 없이 용도 폐기되진 않는다.

현재 법원은 타건 압박 수사의 적법성을 따지기보다 피의자를 비롯한 사건 관계인이 본건에 대해 진술한 내용의 신빙성만을 판단하고 있다. 현실은 어떨까. 검찰은 타건 압박을 통해 본건에 유리한 진술을 강요하고 있다. 불법 수사가 이루어질 개연성이 충분한데도 법원이 판단을 내리지 않는 것은 문제다.

한명숙 전 총리의 1차 사건에서도 타건 압박의 정황이 드러난다. 한 전 총리에게 뇌물을 줬다는 곽영욱 전 대한통운 사장은 1차 사건이 불거졌을 당시 이미 공금 횡령 혐의로 검찰 조사를 받고 있었다. 혐의 내용은 곽 전 사장이 대한통운의 법정 대리인으로서 부산지사 등으로부터 약 83억 원을 받아 이를 횡령했다는 것이었다. 그런데 검찰에서 한 전 총리에게 5만 달러를 줬다고 진술한 뒤 83억 원이 아닌 37억 원만을 횡령한 혐의로 기소됐다. 또 곽 전 사장은 대한통운의 법정 대리인으로서 미공개 정보를 이용해 주식을 사고팔아 약 57억 원 상당의 재산상 부당 이익을 취득한 혐의도 받고 있었다. 그런데 이 부분은 검찰에서 내사 종결 처리돼 아예 법적 처벌을 받지 않았다. 여러 정황을 종합할 때 검찰이 한 전 총리의 뇌물 수수 관련 증거 확보가 어려워지자 곽 전 사장의 대한통운 공금 횡령 등 타건을 수사해 곽 전 사장을 압박한 것으로 볼 여지가 있다. 곽 전 사장과 정치적 거래 내지 회유·협상을 벌여 한 전 총리 사건에 대해 검찰에 유리한 내용의 진술을 강요했을 가능성이 제기된다.

성완종 전 경남기업 회장 사건도 타건 압박 수사의 대표 사례로 거론되고 있다. 서울중앙지방검찰청에서 수사를 받던 성 전 회장은 2015년 4월 9일 옷 호주머니에 메모지를 남기고 자살했다. 그 메모지에는 당시 여권의 고위 인사 8명의 이름과 그들 중 일부에게 건너갔다는 돈의 액수가 적혀 있었다. 성 전 회장은 자살하기 직전 《경향신문》 기자와 통화를 했고, 그 내용이 연일 언론에 보도되며 사건은 정치 스캔들로 발전하고 있었다.

《경향신문》의 보도에 따르면 성 전 회장은 검찰이 타건 압박 수사를 통해 자신에게 '딜deal'을 시도하고 있다고 불평했다. 《경향신문》은 그 딜이 '이명박 정권의 자원 외교'와 관련된 것으로 파악하고 있었으나 다른 매체에선 딜의 내용이 '2005년 및 2007년 성 전 회장이 특별 사면을 받는 과정에서 도움을 준 노무현 정권 사람들의 비리'인 것으로 보도되기도 했다.

이와 관련해 황교안 당시 법무부 장관은 2015년 4월 13 일 국회 본회의 질의에서 성 전 회장 조사 당시 변호사 3명이 입회했다며 "딜은 있을 수 없었다"라고 반박했다. 답변 내용처럼 성 전 회장의 조사 과정에서 검찰이 딜을 요구하지 않았다면 다행일 것이다. 그러나 자살을 결심한 사람이 언론과 인터뷰를 하면서 굳이 거짓말을 했을 것이라는 생각을 갖긴 쉽지 않다.

타건 압박 수사는 수사 과정에서 벼랑 끝에 몰린 피의자가 최악의 선택으로 자살에 이르기도 한다. 이런 비극적인 결과가 초래되는 것이 타건 압박 수사의 가장 큰 문제점이다. 사람을 죽게 만드는 '살인적' 수사 방법이며, 법적으로도 많은 문제점을 가지고 있다. 성 전 회장의 경우처럼 검찰에서 수사를 받다가 자살하는 사례가 끊이지 않고 있다. 대한변호사협회는 "2005년부터 2015년 6월까지 검찰 수사 중 자살한 사람이 모두 100명에 달하고, 2015년 상반기에만 15명의 피의자가 자살했다"고 발표했다.

물론 모두 타건 압박 수사 때문에 자살했다는 것은 아니지만, 실제로 타건에 약점을 잡혀 본건에 자백을 강요받는 경우가 없지 않다. 그럴 때 피의자는 말할 수 없는 고민과 번뇌에 빠지게 된다. 어떤 사람은 "검사가 뇌물 준 거 불지 않으면 저뿐 아니라 가족들까지 구속시키겠다고 하는데 어떻게 하죠?"라고 고민하며 시름에 빠지기도 한다. 며칠을 고민만

하다 보면 정신적 공황 상태가 찾아온다. 자살을 생각하는 것은 당연한 일일지도 모른다. 이처럼 피의자의 인권이 무참히 침해되고 철저히 무시될 수 있다는 것이 타건 압박 수사의 가장 큰 문제점이다.

불공정한 갑을 관계

검찰은 정치인이나 유명인을 수사할 때 밤늦게까지, 혹은 거의 밤을 새워 가며 조사하기도 한다. 성완종 전 경남기업 회장 사건 때도 오전 10시에 소환된 성 전 회장은 18시간 조사를 받고 새벽 4시에 귀가했다. 성 전 회장 사건에 연루됐던 홍준표 전 경남지사도 오전 10시에 검찰에 출석해 17시간 조사를 받고 새벽 3시에 귀가했다. 검찰은 최선을 다해 수사한 양 으스대고, 조사를 받은 피의자는 초췌한 모습으로 귀가하면서 국민들로부터 일종의 동정심이라도 사려는 연출이라는 비판도 있다.

심야 조사 내지 철야 조사는 피의자의 인격을 무시하고 헌법상 피의자에게 보장된 방어권을 침해하는 수사다. 외부와 차단된 수사 기관의 사무실에서 조사를 받으면 피의자는 심리적으로 위축된다. 여기에 강력한 추궁이 한밤중까지 이어지면 피의자의 심리를 극도로 위축시킬 수 있다. 피의자는 심야 조사 과정에서 자신을 제대로 방어하지 못하게 되고, 지친 피의자에게 검사가 자백을 유혹·강요하게 될 위험성도 커진다. 때로는 조사할 대상이나 내용이 방대하지 않아도 심야 조사를 진행하는 경우가 있다. 똑같은 질문을 반복해서 심신이 위축된 피의자에게 자백을 얻어 내려는 목적이다. 경험상 심야에는 피의자의 자백을 받기 쉬운 것이 사실이다.

심야 조사가 허용되는 여러 사유 중에서 피의자 또는 변호인의 '동의'가 차지하는 비율을 보면 2011년 95퍼센트, 2012년 97퍼센트, 2013년 95퍼센트, 2014년 92퍼센트 등 해마다 제일 높은 비중을 차지하고 있다. 그러나 피의자 또는 변호인의 동의라는 것은 형식적인 절차일 뿐이다. 검찰에서 피의자로 조사를 받게 되면 검사는 완벽한 갑, 피의자는 을이 된다. 검사가 밤늦게 피의자를 추궁하며 조사하다가 밤 12시가 넘더라도 수사를 계속하자고 하면 피의자 입장에선 거부하기 어렵다. 법무부 훈령인 인권보호수사준칙에서도 심야 조사를 원칙적으로 금지하고 있다. 그러나 현실은 다르다. 대검찰청에 따르면 2014년 검찰의 심야 조사는 1264건이었다. 2010년 484건에서 두 배 넘게 증가했다. 심야 조사는 검찰의 자랑이 아니라 수치스러워해야 할 관행이다.

알 권리의 탈을 쓴 마녀사냥

검찰이 수사 단계에서 피의자의 피의 사실을 쉽게 공표하는 것도 심각한 문제다. 형법 제126조는 수사 기관이 수사 과정에서 피의 사실을 공표하는 것을 절대적으로 금지하고 있다. 그러나 특히 정치적으로 예민한 사건에 있어 검찰의 피의 사실 유포는 공공연하게 이루어지고 있다.

노무현 전 대통령 사건의 경우도 여기저기서 쏟아져 나오는 언론 보도가 그의 자살에 큰 영향을 미쳤고, 보도 내용의 출처가 검찰이었던 것으로 의심받고 있다. 검찰은 공소를 제기하기 전 약 40회에 걸쳐 피의 사실을 언론에 브리핑했다. 2009년 3월 20일부터 2009년 5월 22일까지 두 달여간 이른바 '박연차 게이트'와 관련해 신문은 1304건(조선일보 286건, 중앙일보 225건, 동아일보 282건, 한겨레신문 264건, 경향신문 247건), 방송사는 567건(KBS 214건, MBC 165건, SBS 188건)을 보도했다.[6]

반면 최근 10년 동안 검찰에서 피의 사실 공표 혐의로 검찰 관계자를 기소했다는 이야기는 듣지 못했다. 피의 사실 공표를 수사 기관에 신고해도 처벌이 이뤄지지 않는 경우도 많았다. 이는 범죄 행위의 주체와 공소 제기의 주체가 동일하기 때문인 측면도 있다. 피의자 인권 보장 차원에서 보면 피의 사실 공표죄가 적용돼 처벌된 사례가 없는 것은 분명 뭔가 문제가 있는 것이다.

한편으론 국민의 '알 권리' 및 언론 자유의 측면에서 피의 사실 공표죄는 사실상 사문화된 조문이라는 주장도 있다. 국민의 알 권리right to know란 '일반적으로 접근할 수 있는 정보원으로부터 자유로이 정보를 수집하거나 국가 기관 등을 상대로 정보의 공개를 청구할 수 있는 권리'를 말한다. 국민의 알 권리를 보장하기 위해 현저히 필요하다고 인정되는 경우에 있어 수사 기관의 피의 사실 공표 행위는 위법하지 않다는 뜻이다.

그렇지만 피의 사실 공표죄는 본질적으로는 피의자의 헌법상 권리인 인격권을 보호하기 위한 법적 장치다. 이 범죄로 인해 손해를 입은 경우 국가를 상대로 배상을 청구할 수 있는 제도도 있다. 실질적으로 피의자의 인격권을 국가로부터 보호하는 법과 제도로 정당화될 수 있기 때문에 피의 사실 공표죄는 헌법적 정당성을 가지고 있다고 봐야 한다.

피의 사실 공표의 가장 큰 문제는 피의자가 공정한 재판을 받기도 전에 일종의 마녀사냥을 당할 수 있다는 것이다. 한국에선 한번 범죄자로 낙인찍히면 제대로 자신을 변명할 기회조차 부여받지 못하는 것이 현실이다. 검찰은 언론을 이용해 아직 재판에서 확인되지도 않은 범죄 혐의를 기정사실화하고 상대방을 무력화한다. 피의자는 그야말로 손쓸 틈 없이 당하게 되는 것이다. 헌법상 보장된 공정한 재판을 받을 권리를 침해할 뿐 아니라 무죄 추정의 원칙을 무너뜨리려는 시도나 마찬가지다.

국민의 알 권리와 언론의 자유, 국민의 기본권 보호를 종합적으로 고려해 피의 사실 공표의 허용 범위와 한계를 설정해야 한다. 노무현 전 대통령의 자살 이후 법무부는 훈령으로 '인권보호를 위한 수사공보준칙'을 만들어 시행하고 있다. 이에 따르면 각급 청의 공보 담당관은 원칙적으로 공소 제기 전의 수사 사건에 대해서는 혐의 사실과 수사 상황을 비롯해 내용 일체를 공개할 수 없다. 다만 사건 관계인의 명예 또는 사생활 등 인권을 침해하거나 수사에 지장을 초래하는 중대한 오보 또는 추측성 보도를 방지할 필요가 있는 경우에는 공소 제기 전이라도 사건 내용을 공개할 수 있다.

이와 관련해 대법원은 "수사 기관의 피의 사실 공표 행위는 공권력에 의한 수사 결과를 바탕으로 한 것으로, 국민들에게 그 내용이 진실이라는 강한 신뢰를 부여함은 물론, 그로 인해 피의자나 피해자, 나아가 그 주변 인물에 대해 치명적인 피해를 가할 수 있다"라며 "수사 기관의 발표는 원칙적으로 일반 국민들의 정당한 관심의 대상이 되는 사항에 관해 객관적이고 충분한 증거나 자료를 바탕으로 한 사실에 한정돼야 하고 이를 발표함에 있어서도 정당한 목적하에 수사 결과를 발표할 수 있는 권한을 가진 자에 의해 공식의 절차에 따라 행해져야 하며, 무죄 추정의 원칙에 반해 유죄를 속단하게 할 우려가 있는 표현이나 추측 또는 예단을 불러일으킬 우려가 있는 표현을 피하는 등 그 내용이나 표현 방법에 대해서도 유념해야 한다"라고 설명했다. 아울러 수사 기관의 피의 사실 공표가 범죄인지 여부에 대해서는 "공표 목적의 공익성과 공표 내용의 공공성, 공표의 필요성, 공표된 피의 사실의 객관성 및 정확성, 공표의 절차와 형식, 그 표현 방법, 피의 사실 공표로 인하여 생기는 피침해 이익의 성질, 내용 등을 종합적으로 참작해야 한다"라고 판시했다.[7]

피의 사실 공표는 원칙적으로 금지되는 것이다. 그러나 국민의 관심이 집중된 중대한 범죄에 대한 수사에 있어, 국민의 알 권리와 언론의 자유 보장에 비춰 공공의 이익을 위해 필요한 경우에 한해, 객관적이고 충분한 증거나 자료를 바탕으로 하는 사실에 한정해, 정당한 권한과 공식적 절차에 의해 이뤄지는 경우에만 예외적으로 허용된다고 할 수 있다. 다만 피의 사실 공표로 피의자의 인격권이 어쩔 수 없이 제한된다 하더라도 헌법상 '비례의 원칙'[8]과 '본질적 내용의 침해 금지 원칙'[9]은 당연히 적용돼야 한다. 또한 '무죄 추정의 원칙'에 반하는 것은 결코 허용될 수 없다.

무오류의 신화는 어떻게 생겨났나

검찰은 자신들에게 오류가 없다고 믿는다. '잘못했다'는 자기 반성을 절대로 하지 않는다. 사실이야 어쨌든 검찰은 '무오류의 신화' 속에 살고 있고 거기서 검찰권 남용이 비롯된다. 검찰이 지닌 무오류의 신화는 어디서 어떻게 생겨났을까? 여러 추측이 가능하겠지만 과거 형사 사법 절차에서 검찰이 수사와 재판 절차를 모두 주도하는 바람에 야기된 현상이라 생각한다.

검찰청법 제4조를 보면 '범죄수사'와 '범죄수사에 관한 사법경찰관리 지휘·감독'이 검사의 직무와 권한 중 하나로 규정돼 있다. 형사소송법 제195조와 제196조에도 검사는 범죄를 수사할 수 있을 뿐만 아니라 경찰의 모든 수사를 지휘할 수 있도록 규정돼 있다. 가장 중요한 부분은 형사소송법 제2편의 '수사' 부분이다. 여기에는 체포·구속·압수·수색은 원칙적으로 검사가 청구해 판사가 발부한 영장이 있어야 하고, 경찰은 검사에게 영장을 신청할 수만 있도록 규정돼 있다.

위와 같은 규정 덕에 검사는 이른바 '수사의 주재자'의 지위를 가지게 됐다. 과거에는 검사가 청구한 구속 영장에 대해 법원에서 거의 대부분 영장을 발부했다. 피의자의 구속·불구속 여부는 자연히 판사가 아니라 검사가 결정한다는 인식이 자리 잡게 됐다.

재판은 법원이 주도하는 것이지만 과거에는 관행적으

로 형사 재판 역시 검사가 주도하는 경향이 많았다. 공판 중심주의, 구두 변론주의가 아니라 조서 중심주의로 형사 재판이 운영됐기 때문이다. 그러다 보니 검사가 기소한 사건의 무죄 선고율은 0.1퍼센트 수준에 불과했다. 바꿔 말하면 검사가 기소하면 거의 전부 유죄가 선고된다는 뜻이다. 유무죄 판단 역시 판사가 아니라 검사가 내린다는 인식이 생긴 이유다.

이처럼 검사가 수사에 이어 형사 재판까지 주도하는 이상, 형사 사법 절차에서 검사보다 중요하고 막강한 역할을 수행하는 기관은 없다. 검사가 구속 영장을 청구하면 거의 대부분 영장이 발부되고, 제기한 공소의 99.9퍼센트가 유죄로 선고되면 결과적으로 검사가 하는 일은 오류가 없게 된다. 이런 관행이 과거 수십 년간 지속되면서 검찰에 무오류의 신화가 생겨났다.

무오류의 신화에 빠진 검찰의 태도는 과거사 정리나 재심 사건 처리에서 명확히 드러난다. 참여정부는 노무현 전 대통령이 2004년 8·15 경축사를 통해 "과거 국가 권력이 저지른 인권 침해와 불법 행위도 진상을 규명해 다시는 그런 일이 없도록 해야 한다"고 발표하며 과거사 정리에 돛을 올렸다. 먼저 국가정보원이 나섰다. 국가정보원은 2004년 8월 16일 '국정원 과거사건 진실규명을 통한 발전위원회' 구성을 발표하고 11월 2일 위원회를 발족했다. 경찰청과 국방부도 민간인이 포함된 과거사 위원회를 발족했다.

　사법부도 과거사 정리에 나섰다. 이용훈 당시 대법원장은 2005년 9월 26일 취임사를 통해 "우리는 사법부가 행한 법의 선언에 오류가 없었는지, 외부의 영향으로 정의가 왜곡되지 않았는지 돌이켜 보아야 한다. 여기에는 무엇보다도 지난 잘못을 솔직히 고백하는 용기와 뼈를 깎는 자성의 노력, 그리고 새로운 길을 여는 지혜의 결집이 요구된다"라며 과거사 정리에 착수했다. 사법부의 과거사 정리는 어떤 위원회를 구성해 체계적으로 진행한 것이 아니라 개별 당사자의 청구에 의해 각 법원에서 진행하는 재심 방식으로 진행됐다.

　그런데 유독 검찰만이 과거사 정리를 거부했다. 국가적으로 모든 기관이 나서서 부끄러운 과거사를 정리하고 있는 와중에도 검찰은 미동도 없었다. 천정배 법무부 장관이 검찰의 과거사 청산을 위해 위원회를 구성하겠다는 의지를 강력하게 피력했음에도 검찰은 장관 지시를 끝까지 외면했다. 검찰이 소극적 태도를 보인 표면적인 이유는 고문이나 가혹 행위에 가담하지 않았다는 것이었다. 그러나 속내에 무오류의 신화가 자리하고 있기 때문이라는 분석도 나왔다.

　재심 사건에서도 검찰은 자신의 오류를 인정하기 싫어하는 모습을 보였다. 1999년 2월 6일 발생한 '삼례 나라슈퍼 3인조 강도 치사 사건'이 대표적인 예다. 검찰의 잘못된 수사로 3명이 억울하게 범인으로 몰려 옥고를 치렀으나 결국 무죄가 입증된 사건이다. 전주지검에서 수사한 이 사건은 대법원 판결까지 나온 뒤에야 부산에서 진범이 잡히며 새로운 양상으로 전개된다. 2000년 1월 25일 부산지검은 진범인 '부산 3인조'로부터 자백을 받고 사건을 전주지검으로 이송했다. 그런데 전주지검은 이송받은 사건을 '억울한 3명'을 기소했던 검사에게 다시 배당했다. 그 검사는 당초 결정이 잘못됐음을 드러내고 싶지 않았는지 부산 3인조에게 '혐의 없음' 처분을 내렸다. 억울한 3명은 재심을 청구했다. 우여곡절 끝에 2016년 10월 28일 전주지법은 재심을 통해 억울한 3명에게 무죄를 선고했다.

전주지검이 부산지검으로부터 이송받은 사건을 억울한 3명을 기소한 검사에게 다시 배당한 것은 문제다. 부산지검에서 이송한 사건의 핵심은 '당초의 검사 결정이 잘못됐을지도 모른다'는 것인데, 그런 사건을 해당 검사에게 다시 배당한다는 것은 '검찰은 오류가 없다'는 신화를 전제로 하지 않고서는 불가능한 행태다. 부산 3인조는 부산지검에서 조사받을 때는 물론이고, 전주지검에서 조사를 받을 때도 1차 진술 때까지는 자신들의 범행을 자백했다고 한다. 전주지검의 주임 검사가 '혐의 없음' 결정을 내린 이유가 무엇인지 이해하기 더욱 어려워지는 대목이다.

검찰 개혁은 무오류의 신화를 깨뜨리는 것부터 시작해야 한다. 세상이 변하면서 검찰의 무오류의 신화도 그대로 유지되기 어려워졌다. 먼저 구속 영장 발부에 큰 변화가 있었다. '구속 전 피의자 심문 제도'(이른바 영장실질심사 제도)가 도입되면서 생긴 변화다. 과거에는 구속 영장 청구를 받은 판사가 서면을 통해 심리를 진행하고 영장 발부 여부를 결정했다. 그러나 2007년 법 개정으로 판사의 피의자 직접 심문이 의무화됐다.

피의자 구속 절차가 어려워지면서 구속 영장 기각률은 20퍼센트 안팎으로 상승했다. 한때 10퍼센트에 달했던 구속 사건 점유율(전체 사건 중 구속 사건이 차지하는 비율) 역시 점차 하락해 현재는 약 1.3퍼센트에 불과하다.

공판 중심주의와 구두 변론주의가 도입되며 법원의 형사 재판 진행에도 큰 변화가 있었다. 공판 중심주의란 법관의 유무죄 판단은 공판 기일에 이뤄진 심리로 결정돼야 한다는 것이다. 구두 변론주의란 법원이 심리를 진행할 때 사건 당사자들이 말로 '공격 및 방어'를 하는 것이 원칙이라는 뜻이다. 공판 중심주의를 제대로 실현하기 위해서는 구두 변론주의의 충실한 수행이 필수적인 셈이다. 이 두 가지는 참여 정부 때인 2005년부터 강력히 추진돼 2007년 형사소송법 개정 당시 명문화됐다. 이를 통해 기존의 조서 중심주의가 극복될 수 있었다. 법원이 재판 과정에서 조서 중심주의를 타파하려고 노력하며 종전 약 0.1퍼센트 수준에 불과하던 무죄율이 점차 늘어나는 추세다. 현재는 1심 무죄율이 약 0.6퍼센트 수준까지 높아졌다.

검찰은 더 이상 판사를 대신해 피의자 구속·불구속 여부를 결정하거나 유무죄 여부를 판단하는 '존엄한 존재'가 아니다. 검찰에 무오류의 신화가 생겨나게 된 배경이 변한 이상 신화는 이제 폐기해야 한다. 시민들의 의식 수준이 날로 성장하고 있는 상황에서 과거 문화를 그대로 답습한다는 것은 더 이상 가능하지도 않다. 그러나 검찰은 역사의 흐름을 거부한 채 아직도 자신들은 무오류라는 신념 아닌 신념을 고수하고 있다. 명백한 잘못이다. 제도의 발전과 문화의 개선은 과거의 잘못을 인정하는 데에서부터 시작한다. 진정한 검찰 개혁 역시 그동안 검찰이 많은 잘못을 저질렀다는 자기반성이 있어야 가능하다. 그렇지 않다면 검찰이 외치는 개혁이란 한낱 말장난에 불과할 것이다.

무죄를 구형합니다

수사가 끝나면 검사는 기소 여부를 결정한다. 그런데 무죄가 선고될 것이 명백해도 공소를 제기하는 경우가 있다. 거꾸로 어떤 사건은 기소하는 것이 당연한데도 여러 이유를 들어 불기소 처분을 하기도 한다. 이런 행태를 공소권 남용이라고 한다.

무죄가 선고될 것이 명백한데도 공소를 제기하는 이유는 무엇일까? "피의자, 피고인의 괴로운 심리를 악용해 처음부터 사람을 괴롭히기 위한 의도로 검찰권을 남용할 때 최악의 인권 유린이 생겨난다. 정치 검찰의 경우 무죄 판결도 개의치 아니하는 것은 반대편을 괴롭히자는 목적을 이뤘기 때문이다"라는 주장은[10] 무리한 기소의 폐단을 예리하게 지적하고 있다.

검찰의 공소권 남용으로 기소가 남발되면 피고인이나 사건 관계인은 극심한 피해를 입는다. 아무런 죄도 없는데 장기간 법정에 나가 재판을 받아야 하는 절박하고 괴로운 심정과 그로 인해 야기되는 어려운 경제 형편 등 폐단은 여러 가지로 심각하다.

상소가 기각될 것을 알면서도 무조건적으로 2심, 3심에 상소하는 것 역시 검찰권 남용이다. 2008년 미국산 쇠고기 수입 협상이 논란이 되면서 전국적으로 촛불 시위가 크게 일어났다. 이명박 정부는 광우병에 대한 '헛소문'을 퍼뜨린 진원지로 MBC 〈PD수첩〉을 지목하고 제작진을 고소했다. 1차 수사팀에 이어 새로이 구성된 2차 수사팀은 〈PD수첩〉 제작진을 명예 훼손 및 업무 방해 혐의로 기소했다. 1심에서 〈PD수첩〉 관계자들에게 모두 무죄가 선고됐으나 검찰은 이에 불복해 항소했다. 2심에서 또 무죄가 선고되자 다시 대법원에 상고했고 결국 대법원에서 무죄가 최종 확정됐다.

정연주 전 KBS 사장의 배임 사건 역시 1심 무죄 선고, 2심 무죄 선고, 대법원 무죄 확정이 검찰의 무조건적인 상소 제기로 인해 반복됐다. 미네르바 사건도 마찬가지였다. 검찰은 왜 이렇게 무조건적이라고 볼 수 있을 정도로 상소를 제기할까? 주목받는 사건일수록 그 정도가 심한 것이 사실이다.

검찰에는 '수사·공소심의위원회'가 설치돼 있다. '수사·공소심의위원회 운영에 관한 지침' 제2조 제1항 제3호에 따라 무죄가 선고된 사건의 상소 여부를 심의위원회에서 결정한다. 공소 사실과 증거 관계, 무죄를 선고한 판결의 내용, 법리 문제, 상소심에서의 파기 가능성, 상소의 실익 등을 종합적으로 고려해 상소 여부를 결정한다. 그러나 특별한 기준이 없는 형식적 심의에 불과하다. 검사가 불합리하게 공소를 제기하는 등 검찰권이 남용된 사안에 있어서는, 검찰은 어차피 무죄가 선고될 것을 예상하면서도 공소를 제기한 것이다. 다시 말해 공소를 제기한 검찰의 진짜 목적이 유죄 선고가 아니라 다른 데 있었다고 볼 수 있다. 따라서 수사·공소심의위원회의 형식적 심의를 거쳐 상소를 제기하는 것은 재판을 가능한 한 오래 끌어 피의자를 괴롭히기 위한 것으로 봐야 한다.

검찰이 항소 및 상고를 제기하며 언론을 상대로 법원의 판결 내용을 비판하는 태도에도 문제가 있다. 법원에서 무죄가 선고된 것에 불만이 있더라도 상소를 해서 법정에서 유죄를 입증하는 데 힘을 쏟아야 한다. 언론을 상대로 보도 자료를 배포하며 법원의 판결 내용을 비판하는 데 시간을 허비할 필요는 없다.

협조자와 피의자의 경계

형사소송법 등 관련 법령을 살펴봐도 어느 경우에 공소를 제기하고, 어느 경우에 불기소 처분을, 특히 기소 유예 처분을 해야 하는지 명확한 기준은 없다. 형사소송법 제246조 및 제247조 등은 국가 소추주의와 기소 독점주의, 기소 편의주의를 천명하고 있다. 기소 편의주의에 따라 검사는 형법 제51조에[11] 나온 사항에 맞게 공소 제기 여부를 결정할 수 있다. 그리고 검찰사건사무규칙 제69조를[12] 보면, 어떤 경우에 '기소 유예, 혐의 없음, 죄가 안됨, 공소권 없음, 각하' 등의 불기소 처분을 해야 하는지 규정돼 있다.

그런데 기소 유예 처분에 대해 규정하고 있는 검찰사건사무규칙 제69조 제3항 제1호를 보면 "피의 사실은 인정되나 형법 제51조 각 호의 사항을 참작해 소추를 필요로 하지 않는 경우"에 기소 유예 결정을 할 수 있다고 규정되어 있을 뿐이라서, 정작 검사가 어떠한 경우에 공소를 제기해야 하는지, 아니면 기소를 유예해야 하는지에 대한 기준이 사실상 존재하지 않는다. 그저 그동안 내려온 관행과 검사의 자유로운 판단, 그리고 상관의 결재와 지시에 의해 운영된다고 할 수 있다.

그러다 보니 검사는 피의자가 검찰 수사에 전폭적으로 협조하는 대가로 기소 유예 처분을 적극 활용하기도 한다. 피의자로 입건하는 것 자체를 유예하는 경우도 있다. 반면 검찰 수사에 협조하지 않으면 보복 차원의 공소를 제기하기도 한다. 특히 타건 압박 수사에 있어 본건 수사 협조의 대가로 타건의 기소 유예를 조건으로 내세워 피의자를 회유하기도 한다. 그런데 피의자가 검찰 수사에 협조했다고 해서 그것이 과연 검찰사건사무규칙 제69조의 소정의 기소 유예 사유에 해당한다고 할 수 있는지는 의문이다. 검찰사건사무규칙 제69조가 원용하고 있는 기소 유예 사유인 형법 제51조에 나온 근거는 '범행 후의 정황'이라고 할 수 있는데, 이는 어떤 범행을 저지른 후 그 범행의 피해자와 합의를 한다든가 또는 그 범행으로 인한 피해의 확산을 스스로 방지한다든가 하는 정황을 말하는 것이지, 범행을 저지른 후 그 범행과는 전혀 다른 범죄에 관해 검찰 수사에 협조하는 것을 의미하지는 않기 때문이다.

따라서 검찰이 A사건 외에 B사건 수사에 피의자가 적극 협조했다는 이유로 A사건에 대해 기소 유예 처분을 활용하는 것은 규정 위반이라 할 수 있다. 타건 압박 수사에서 피의자가 본건 수사에 협조했다는 이유로 타건을 기소 유예나 입건 유예 처분을 하는 것 역시 마찬가지로 허용돼서는 안 된다. 검찰이 다른 사건 수사에 협조했다는 이유로 피의자를 기소 유예 처분하는 것은 근거도 없이 기소 유예를 남발하는 것으로 역시 검찰권 남용이다.

검찰이 공판 단계에서 일부 증거를 누락하는 것도 문제다. 한 강도 강간 사건의 피해자가 경찰에서 "범인이 자신의 속옷을 칼로 찢은 후 사정射精을 한 것 같다"라고 진술했다. 경찰은 수사 과정에서 피해자의 속옷 등에 대해 유전자 감정을 했다. 국립과학수사연구소는 "피해자의 속옷에서 검출된 정액은 피고인의 유전자가 아니다"라고 회신했다. 그러나 검사는 의도적으로 감정 결과를 증거로 제출하지 않았다. 그결과 피고인은 1심에서 징역 20년을 선고받았다. 2심 법원이 직접 국립과학수사연구소에 결과를 알아보고 나서야 피고인은 무죄를 선고받았다.

피고인은 국가를 상대로 손해 배상 청구 소송을 제기했다. 검찰은 이 소송에서 "검사가 공익의 대표자라고 하는 것은 공익을 위해 범죄 수사, 공소 제기, 재판의 집행 지휘 등을 한다는 의미일 뿐 이를 근거로 검사가 피고인에게 유리한 증거를 조사해 제출할 의무는 없다"라고 주장했다. 그러나 이런 검찰의 주장은 받아들이기 힘들다. 검사는 '피고인의 정당한 이익을 옹호해야 할 의무(객관 의무)'를 부담하기에 공익의 대표자가 될 수 있다. 검찰이 이런 식으로 주장하면 공익의 대표자라는 품격을 스스로 부정하고 깎아내리는 것일 뿐이다.

대법원은 "검사가 수사 및 공판 과정에서 피고인에게 유리한 증거를 발견하면 피고인의 이익을 위해 이를 법원에 제출해야 한다"라고 판시했다. 객관 의무를 위반한 검사의 불법 행위 책임을 인정하고 국가에 손해 배상의 책임이 있음을 밝힌 것이다. 대법원은 검사의 객관 의무에 대해 "공익의 대표자인 검사는 실체적 진실에 입각한 국가 형벌권의 실현을 위해 공소 제기와 유지를 할 의무뿐 아니라 그 과정에서 피고인의 정당한 이익을 옹호해야 할 의무 또한 부담한다"고 천명했다. 형사소송법 제424조에 "검사는 피고인을 위해 재심을 청구할 수 있다"라고 규정된 것을 근거로 한 것이다.

검사의 객관 의무에 대한 학설에서도 검사는 형사 재판에서 단순한 반대 당사자가 아니라는 긍정설이 다수설이다. 경우에 따라 무죄를 구형하거나 피고인의 이익을 위해 상소를 제기하거나 재심을 청구하는 등 피고인의 정당한 이익을 보호할 객관 의무가 있다는 것이다. 물론 검사가 피의자에게 유리한 수사나 소송 활동까지는 할 수 없다는 학설도 있다.

하지만 검사는 단순한 수사 기관이 아니다. 경찰 수사를 지휘해 인권 보장에 앞장서고, 준사법 기관으로서 공익의 대표자다. 검사에게는 피의자 및 피고인의 정당한 이익을 옹호해야 할 객관 의무가 있다고 보는 것이 타당하다.

선을 지키는 수사

피의자 조사 절차의 명문화

수사란 어떻게 해야 하는 것일까? 어떻게 수사해야 인권도 보장하고 절차의 적법성도 준수할 수 있을까? 또한 효율적으로 실체적 진실을 발견할 수 있을까? 훌륭한 검사가 되고자 한다면 이런 고민은 자연스러울 것이다. 수사에 있어 중요한 것은 수사의 결과가 아니다. 수사의 과정이다. 수사란 '옳지 아니함'을 '올바름'으로 바로잡아 가는 과정이다. 따라서 수사하는 과정이 바르지 않다면 결코 정당하고 온당한 수사라고 할 수 없다. 수사의 효율성이나 실체적 진실보다 인권의 보장과 절차의 적법성이 우선해야 하는 이유다. 수사는 잘하는 것보다 바로 하는 것이 더 중요하다. 실체적 진실의 발견과 인권의 보장이 동등하게 논의돼선 안 된다. 인권의 보장이 실체적 진실의 발견보다 상위에 있다고 봐야 한다.

검찰에는 법무부 훈령으로 제정된 인권보호수사준칙이 있다. 준칙 제2조는 "검사는 피의자 등 사건 관계인의 인권을 존중하고 적법 절차를 지켜 사법 정의를 실현하도록 노력해야 한다"라고 규정한다. 검사에게 인권 보장의 책무를 부과하는 것이다. 제3조는 "검사는 어떠한 경우에도 피의자 등 사건 관계인에게 고문 등 가혹 행위를 해서는 안 된다"라고 규정한다. 가혹 행위의 금지를 천명하는 것이다. 제5조는 "검사는 객관적인 입장에서 공정하게 수사해야 하고, 주어진 권한을 자의

적으로 행사하거나 남용해서는 안 된다"라고 말한다. 공정한 수사가 원칙임을 선언하는 것이다. 제7조는 "검사는 수사 과정에서 원칙적으로 임의 수사를 활용하고, 강제 수사는 필요한 경우에 한해 법이 정한 바에 따라 최소한의 범위 내에서 한다. 강제 수사가 필요한 경우라도 대상자의 권익 침해의 정도가 더 낮은 수사 절차와 방법을 강구한다"라고 규정하고 있다.

준칙에는 훌륭하고 좋은 내용들이 많다. 그렇지만 준칙만으로는 충분하지 않다. 검찰권의 남용은 다양한 모습으로 나타나고 있으나 현재의 준칙으로는 제대로 통제되지 못하고 있다. 검찰권 남용의 실태와 문제점을 극복할 수 있도록 수사의 절차와 과정, 방법에 있어 구체적이고 세밀하게 준칙을 만들 필요가 있다.

먼저 수사의 절차를 구체적으로 명문화해야 한다. 피의자를 소환할 때도 시간적 여유를 주고 소환하는 것이 맞다. 준칙 제33조 제1호에도 "피의자에게 출석을 요구함에 있어, 검사는 출석 일시 등을 정할 때 피의자의 명예 또는 사생활이 침해되거나 생업에 지장을 주지 않도록 노력"해야 하는 것으로 규정돼 있다. 그러나 실제론 피의자를 소환할 때 매우 촉박하게 출석을 요구하는 경우가 많다. 오늘 전화해서 "내일이나 모레 출석하라"라고 급박하게 요구하는 식이다. 검찰은 피의자의 생업이나 사생활은 안중에 없다. 그저 수사의 편의와 검찰의 일정만이 고려된다. 특히 시민들의 휴대폰 사용이 일상화·대중화되며 검찰의 소환 통보 절차가 간단해진 것도 원인이 되었다. 이전에는 문서로 통지했기 때문에 절차상의 시간이 걸렸다.

피의자의 입장에서는 검찰 소환을 앞두고 가뜩이나 위축돼 있기 때문에 준비 기간이 부족하거나 다른 일정이 잡혀 있더라도 검찰의 출석 요구를 거부하기 어렵다. 전화기 너머 검찰 수사관의 고압적인 목소리에 움츠러든 상태에서, 조사를 받으면서 어떤 대접을 받게 될지 모른다는 걱정까지 생긴다. 그러니 출석을 연기해 달라고 요청하는 것은 사실상 불가능에 가깝다. 다른 약속을 모두 취소하고 검찰이 지정한 날에 착한 학생처럼 검찰청에 출석해 조사를 받게 된다.

이것은 인권의 문제다. 피의자를 소환할 때는 적어도 일주일 전에 연락을 취해 피의자가 어느 정도 검찰 조사에 대비할 수 있도록 해야 한다. 피의자가 출석 일시의 변경을 요구하면 수사 기관은 적어도 한 번은 반드시 응하도록 해야 한다. 피의자 조사는 원칙적으로 강제 수사가 아니라 임의 수사다. 피의자는 편하게 조사받을 수 있는 시기를 선택할 권리가 있다. 검찰이 원하는 시기에 반드시 출석해 조사를 받아야 할 의무가 있다고 해석해서는 안 된다. 준칙 제33조 제1호에 후문을 추가하는 방식으로 개정해야 한다.

《개정안》 제33조 (출석 요구) 피의자에게 출석을 요구할 때에는 다음 각 호의 사항에 유의하여야 한다. 1. 출석 요구 방법, 출석 일시 등을 정할 때 피의자의 명예 또는 사생활이 침해되거나 생업에 지장을 주지 않도록 노력한다. 구속 피의자가 아닌 이상 늦어도 출석 요구일 7일 전까지 소환 통보를 하여야 하며, 피의자가 출석 일시의 연기를 요청하는 경우 적어도 1회 이상 수용하여야 한다.

피의자 출석 요구 횟수도 제한할 필요가 있다. 준칙 제33조 제3호는 "검사는 피의자에 대해 불필요하게 여러 차례 출석 요구를 하지 않도록" 규정했다. 특히 진술을 거부하거나 범행을 부인하는 피의자는 불필요하고 반복적으로 소환해서는 안 된다고 명백하게 규정돼 있다. 자백을 강요하기 위해 잦은 소환을 하는 경우가 있기 때문이다. 그렇지만 규정이 제대로 지켜지지 않는 것이 현실이다. 검사는 자백을 받기 위해 가능한 한 많은 피의자를 여러 번 소환하고 싶어 한다.

타건 압박 수사의 경우 피의자 등 사건 관계인에 대한 반복적 출석 요구가 더욱 심해진다. 특히 구속된 피의자의 경우 검사실로 소환당하는 것 자체가 피의자에게 엄청난 불편과 어려움을 야기한다. 구치소에 그대로 있으면 그나마 큰 어려움 없이 하루를 지낼 수 있지만, 검찰에 소환되면 구치소에서 신체검사를 마치고 포승줄에 묶여 검찰청으로 와야 한다. 조사실에 가기 전까지 검찰청에 설치된 구치감에서 대기하는데, 구치소와 달리 검찰청 구치감에서는 식사도 제대로 할 수 없고 용변도 편하게 보기 어렵다. 검사실로 와서도 포승줄에 묶인 상태에서 검사나 수사관에게 조사를 받는다. 재판을 받을 때는 포승줄을 푸는 것과는 확연히 다르다. 검사실에서 평소 알고 지내던 지인과 마주치기라도 하면 더 문제다. 포승줄에 묶여 있는 자신의 모습을 노출하는 창피함으로 마음의 상처도 입게 된다.

인권의 측면에서라도 피의자에게 잦은 출석을 요구하는 것은 막아야 한다. 이를 통제하기 위해서는 피의자를 검찰에 소환하는 횟수의 최대한도를 정할 필요가 있다. 몇 회가 적정한지 당장 단정적으로 말할 수는 없을 것이다. 다만 통상적인 사건에 있어서는 피의자를 1~2회 정도 소환하는 것이 보통이다. 사건 내용이 복잡하거나 고소인과의 대질 등 특별한 사정이 있더라도 1~2회 정도 더 소환하면 충분할 것으로 본다. 어떤 사건이든 최대 5회 정도 소환하는 것으로 한계를 설정할 필요가 있다. 검사가 피의자를 5회 이상 초과해 소환한다면 조사 이상의 다른 의도가 있는 것으로 볼 수도 있다. 타건 압박 수사를 통해 본건의 자백 또는 유리한 진술을 하도록 압박할 수도 있다. 변호인이 입회하지 못하는 면담을 통해 거래나 회유·협상을 할 수도 있다. 예외적으로 추가 조사가 필요한 경우에는 구속 기간을 연장하는 것과 마찬가지로 법원으로부터 허가를 받게 하는 것이 합리적이다. 준칙 제33조에 제4호를 추가하는 내용으로 관련 내용을 개정하면 된다.

《개정안》제33조 (출석 요구) 피의자에게 출석을 요구할 때에는 다음 각 호의 사항에 유의하여야 한다. 4. 피의자 등 사건 관계인에 대한 소환은 최소한에 그쳐야 하며, 부득이한 경우에도 5회를 넘어서는 아니 된다. 이를 초과하여 소환할 경우에는 법원의 허가를 받아야 한다.

수사 과정을 기록하도록 한 규정은 조서를 작성하지 않는 경우에도 적용돼야 한다. 형사소송법에는 검사 또는 사법경찰관이 피의자 또는 참고인에 대한 조사 과정을 기록하도록 의무화돼 있다. 조사의 투명성을 확보하기 위해서다. 기록의 대상은 피의자 또는 참고인이 조사 장소에 도착한 시각, 조사를 시작하고 마친 시각, 그 밖에 조사 과정의 진행 경과를 확인하기 위해 필요한 사항 등이다. 이런 내용들은 피의자 신문 조서 또는 참고인 진술 조서에 기록하거나 별도의 서면에 기록한 뒤 수사 기록에 첨부해야 한다.

그런데 검찰은 '수사 과정의 기록'에 대한 조문을 반대로, 자의적으로 해석해 적용하곤 한다. 조서를 작성하지 않았다는 이유로 피의자 또는 참고인이 조사 장소에 도착한 시각, 조사 장소에서 떠난 시각 등을 기록에 남길 필요가 없다는 것이다. 앞서 다룬 한명숙 전 총리의 2차 사건도 그랬다. 서울구치소에 수감 중이던 한만호 전 한신건영 사장은 2010년 4월 1일부터 2010년 12월 20일까지 약 9개월 동안 서울중앙지방검찰청 특수부에 70회 이상 출석했다. 그러나 검찰 기록에 남아 있는 증거 서류라고는 2010년 4월 4일부터 2010년 5월 11일 사이에 작성된 단 1회의 진술서와 5회의 진술 조서뿐이다. 이 외에 60회 넘게 검찰청에 출석한 자료는 아무것도 남아 있지 않다. 다분히 의도적인 행동이다. 어떤 내용으로 어떻게 수사했는지, 피의자 혹은 참고인이 검찰청에 출석해 어떤 일이 있었는지 알 수 없게 만드는 것이다.

피의자 또는 참고인이 소환을 받아 수사 기관에 출석하면 조서 작성 여부와 상관없이 무조건 진행 경과를 기록하도록 해야 한다. 조사가 없었다면 조사 장소에 도착하고 떠난 시각과 조서를 작성하지 않은 사유까지 기록으로 남겨야 한다. 이를 수사 기록에 첨부해 수사 과정의 투명성을 확보해야 한다.

형사소송법 제244조의4는 피의자 또는 참고인을 소환할 때 조사 관련 내용을 기록하거나 '별도의 서면'에 기록하도록 했다. 조서를 작성하지 않았다면 다른 서면에 기록해 수사 기록에 첨부하라는 뜻이다. 아래와 같이 준칙 제38조의2 규정을 신설할 필요가 있다.

《개정안》제38조의2 (수사 과정의 기록 관련) ①형사소송법 제244조의4 규정은 피의자를 소환하였으나 조사하지 아니 하거나 조서를 작성하지 아니한 경우에도 적용한다. 이때 검 사는 동조 소정의 사항을 별도의 서면에 기록한 후 수사 기록 에 편철하여야 한다. ②참고인을 소환하였으나 조사하지 아 니한 경우에도 같다.

현재 검찰이 활용하는 이른바 '피의자 면담'은 금지해 야 한다. 면담은 주로 변호사가 입회한 피의자 조사 전후로 진 행된다. 검사는 피의자와 면담하겠다는 구실로 조사실과 별 도로 있는 검사 집무실로 피의자를 데리고 들어간다. 그러면 서 변호인에게는 "조사가 아니라 면담이기 때문에 변호인이 참여할 수 없다"라며 입회를 거부하곤 한다. 하지만 면담이라 는 형식의 조사는 그 어디에도 규정돼 있지 않다.

변호사로서 현업에서 겪는 가장 큰 문제는 검찰이 피의 자를 면담한다며 실제로는 피의자를 조사하는 경우다. 한명 숙 전 총리 1차 사건에서 곽영욱 전 대한통운 사장이 법원에 서 증언한 내용 중에는 "(검사가) 묻지는 않았지만 밤 12시가 넘어서까지 면담 형식으로 계속 이야기를 했잖아요"라고 말한 부분이 있다. 검사가 면담을 빙자해 곽 전 사장을 사실상 조사했고, 면담이 새벽 1~2시까지 진행되는 것에 곽 전 사장이 고통을 느꼈음을 엿볼 수 있는 대목이다.

이러한 검찰의 수사 행태는 헌법과 법률을 위반하는 것이다. 피의자 면담이 실제로는 피의자 신문과 다를 바 없는데도 검찰은 헌법과 법률에 의해 보장되는 변호인의 조력권과 참여권을 침해하기 때문이다. 피의자 면담이라는 관행을 없애야 한다. 아니면 면담할 때도 변호인의 조력권과 참여권을 보장해야 한다. 조문으로 "피의자 면담 시에도 변호인의 참여권을 보장하여야 한다"라고 규정할 필요가 있다. 준칙 제36조 제3항에 후문을 추가하는 방식으로 개정해야 한다.

《개정안》 제36조 (피의자 신문 시 변호인의 참여) ①~②(생략) ③변호인이 신문을 방해하거나 수사 기밀을 누설하는 경우 또는 그 염려가 명백한 경우 등 정당한 사유가 있는 때를 제외하고는 제2항의 참여를 불허하거나 퇴거를 요구할 수 없다. 특히, 피의자 면담 등을 이유로 하여 변호인의 참여를 불허하거나 변호인에게 퇴거를 요구하여서는 아니 된다.

타건 압박 수사는 형사상 가혹 행위에 해당하므로 즉시

금지해야 마땅하다. 이러한 수사 방법은 거래니, 회유 내지 협상이니 하는 용어로 미화되고 포장되는 경우도 있다. 그러나 실제로는 그 과정에서 회사를 망하게 하겠다거나 가족을 구속하겠다는 협박과 회유로 피의자를 심리적·정신적으로 압박하곤 한다. 이는 헌법상 보장된 국민의 기본권을 침해하는 것이다. 인간으로서의 존엄과 가치는 물론 형사상 자기에게 불리한 진술을 강요당하지 않을 진술 거부권을 침해하는 것이다.

비록 육체적·물리적으로 고문을 가하는 것은 아니라도 이런 수사 방법은 피의자에게 심리적·정신적으로 너무나 큰 고통을 야기한다. 민사상 손해 배상 책임을 부담하게 되는 불법 행위이고 명백한 가혹 행위로서 형사상 범죄가 된다. 타건 압박 수사를 통해 피의자나 사건 관계인을 상대로 범죄에 관해 자백이나 유리한 진술을 하도록 압박하는 행위는 금지해야 한다. 인권보호수사준칙 제3조를 아래와 같이 개정할 필요가 있다.

《현행》 제3조 (가혹 행위 등의 금지) ① 어떠한 경우에도 피의자 등 사건 관계인에게 고문 등 가혹 행위를 하여서는 아니 된다. ② 검사는 가혹 행위로 인하여 임의성을 인정하기 어려운 자백을 증거로 사용하여서는 아니 된다. 진술 거부권을 고지받지 못하거나 변호인과 접견·교통이 제한된 상태에서 한 자백도 이와 같다.

《개정안》제3조 (가혹 행위 등의 금지) ①어떠한 경우에도 피의자 등 사건 관계인에게 육체적 고문이나 심리적 가혹 행위를 하여서는 아니 된다. ②육체적 고문이나 심리적 가혹 행위는 형사상 범죄를 구성하고 민사상 불법 행위에 해당할 수 있음을 명심하여야 한다. ③타건 압박 수사를 통하여 피의자 등 사건 관계인에게 자백과 같은 유리한 진술을 강요하는 행위는 심리적 가혹 행위에 해당하므로, 이는 절대적으로 금지한다. ④검사는 가혹 행위로 인하여 임의성을 인정하기 어려운 자백을 증거로 사용하여서는 아니 된다. ⑤진술 거부권을 고지받지 못하거나 변호인과 접견·교통이 제한된 상태에서 한 자백도 마찬가지로 증거로 사용하여서는 아니 된다.

심야 조사 행태도 개선해야 한다. 현재 인권보호수사 준칙 제40조는 "원칙적으로 검사는 자정 이전에 피의자 등 사건 관계인에 대한 조사를 마치도록 하되 조사받는 사람이나 그 변호인의 동의가 있거나, 공소 시효의 완성이 임박하거나, 체포 기간 내에 구속 여부를 판단하기 위해 신속한 조사의 필요성 등 합리적인 이유가 있는 경우에는 인권보호관의 허가를 받아 자정 이후에도 조사할 수 있는"것으로 돼 있다.

그런데 현행 심야 조사는 피의자 등 사건 관계인의 인권을 심각하게 침해하고 있다. 검찰에서 2~3시간 정도 조사받는 것도 힘든데, 10시간 넘게 조사를 받게 된다면 완전히 차원이 다른 문제다. 근로기준법상 1일 근로 시간도 8시간이고 최장 12시간을 초과할 수 없도록 돼 있다. 검찰 조사를 받으면 정신적·육체적으로 피곤해질 수밖에 없다. 심리적으로 안정된 상태를 유지하기 어렵다. 그런 상황에서 나온 피의자의 진술이 과연 신빙성이 있을지 의문이다.

피의자로부터 원하는 진술을 얻어 내기 위해 심야 조사를 유도하는 측면도 있다. 사실 장시간 조사가 진행되는 이유는 실제로 조사할 분량이 많아서라기보다 한번 한 질문을 수차례 반복하는 식으로 피의자를 압박하기 위함도 있다. 같은 질문을 수십 번씩 반복하는 것은 일종의 가혹 행위에 해당한다. 피의자가 분명히 "아니다"라고 대답했는데도 똑같은 질문을 수십 번씩 듣게 되면 나중에는 힘들고 귀찮아서라도 "그렇다"라고 대답할 수도 있다. 나아가 같은 질문을 반복해 듣는 것만으로도 자기 확신이 감소하고 혼란이 올 수도 있다.

심야 조사는 공소 시효의 완성이 임박하거나 체포 시간 내 구속 여부를 판단하기 위한 경우에는 예외적으로 허용할 수밖에 없을 것이다. 문제는 피의자 또는 변호인의 동의를 받는 절차다. 피의자 신분으로 검찰에 소환돼 조사를 받다가 검사가 자정 이후 조사에 동의를 구할 때 이를 거절할 수 있는 피의자는 별로 없을 것이다. 동의가 아니라 사실상 강요라고 보는 편이 타당하다. 따라서 자정 이후의 심야 조사를 허용하는 사유 중 '피의자 내지 변호인의 동의'는 삭제해야 한다.

예외적으로 심야 조사를 허용한다 하더라도 인권 침해를 예방하기 위한 특단의 조치를 취할 필요가 있다. 우선 심야 조사를 변호인 없이는 못하도록 해야 한다. 심야 조사 전 인권보호관의 서면書面 허가만 받는 것은 안 된다. 심야 조사가 끝날 때까지 인권보호관이 검찰청 안에서 대기하고 있다가 심야 조사가 끝나면 직접 대면對面 확인한 다음 조서에 자필로 기록하도록 해야 한다. 통상 검찰청의 선임先任 부장이 인권보호담당관으로 지정돼 인권보호관 직무를 대행하고 있다. 선임 부장인 인권보호담당관의 대면 확인 조치는 후배 검사들의 입장에선 부담이 돼 심야 조사에 대한 억제 수단이 될 것이다.

그리고 자정까지의 수사를 무제한으로 허용하는 것이 타당한지도 검토해야 한다. 밤에 계속 조사를 받으면 피의자 입장에서는 위축되고 억압된 상태에서 진술을 강요받을 수 있는 위험이 높아진다. 보통 저녁 8~9시면 피로가 몰려와 제대로 조사받기 힘들어지므로 저녁 7시까지만 조사를 허용해야 한다. 7시 이후에는 조서를 열람하게 해서 저녁 9시 이전까지 모든 조사 절차를 마칠 수 있어야 한다. 저녁 9시를 넘겨 조사하면 이를 심야 조사로 보고 예외적인 경우에만 허용하되, 자정까지만 허용해야 한다.

피의자의 사정으로 인해 저녁에 조사를 시작해도 저녁 9시까지만 조사할 수 있게 제한하는 편이 낫다고 본다. 야간이라는 것 자체가 피의자를 심리적으로 위축시키는 효과가 크기 때문이다. 아니면 "저녁 몇 시까지"라고 조사 시간을 제한하지 말고 "하루에 몇 시간 동안만"으로 하루 동안 조사할 수 있는 최장 시간의 한계를 설정하는 방안도 고려할 만하다. 근로기준법에 맞춰 조사를 받을 수 있는 최장 시간도 하루 8시간 정도로 한계를 설정하는 것이 바람직하다. 다만 수사 기관의 애로 사항도 있을 수 있으므로 장기적으로 검토할 문제라 생각한다. 심야 조사와 관련해선 아래와 같이 준칙 제40조를 개정할 수 있을 것이다.

《현행》 제40조 (심야 조사 금지) ①검사는 자정 이전에 피의자 등 사건 관계인에 대한 조사를 마치도록 한다. ②제1항의 규정에도 불구하고 조사받는 사람이나 그 변호인의 동의가 있거나, 공소 시효의 완성이 임박하거나, 체포 기간 내에 구속 여부를 판단하기 위해 신속한 조사의 필요성이 있는 등 합리적인 이유가 있는 경우에는, 인권보호관의 허가를 받아 자정 이후에도 조사할 수 있다.

《개정안》 제40조 (심야 조사 금지) ①검사는 저녁 9시 이전까지 피의자 등 사건 관계인에 대한 조사를 마쳐야 한다. ②제1항의 규정에도 불구하고 ~~조사받는 사람이나 그 변호인의 동의가 있거나~~ (삭제) 공소 시효의 완성이 임박하거나, 체포 기간 내에 구속 여부를 판단하기 위하여 신속한 조사의 필요성이 있는 등 합리적인 이유가 있는 경우에 한하여, 인권보호관의 사전 허가를 받아 그날 자정까지 조사할 수 있다. 조사가 끝난 후 인권보호관은 피의자 등 사건 관계인을 직접 만나 심야 조사 과정에서 가혹 행위가 있었는지 여부를 확인하고 그 내용을 조서에 기재하여야 한다. ③피의자를 심야 조사할 경우에는 반드시 변호인을 참여시켜야 한다. 사선 변호인이 없는 경우에는 국선 변호인을 참여시킨다.

사건 관계인을 상대로 시행하는 검찰의 각종 통지 제도 역시 획기적으로 개선해야 한다. 현재 검찰이 시행하는 통지 제도는 사건 관계인에 대한 배려 없이 오로지 검찰만을 위해 운영되고 있다.

형사소송법 제258조 제1항에[13] 따라 검사는 고소 또는 고발이 있는 사건에 대해 공소를 제기하거나 불기소 처분 등을 한 경우 고소인 또는 고발인에게 7일 이내에 서면으로 결과를 통지해야 한다. 또 제2항에 따라[14] 불기소 처분을 한 피의자에게도 즉시 그 이유를 통지하도록 돼 있다.

형사소송법 제258조 제2항에서 규정하는 통지 대상인 피의자의 범위에는 제한이 없다. 그런데 검찰에서는 제258조 제1항이 '고소 또는 고발 있는 사건'으로 제한하고 있음을 이유로 제2항을 자의적으로 해석하여, 고소 또는 고발이 있는 사건의 피의자에 한해서만 불기소 처분한 내용을 통지한다. 검찰이 자체적으로 인지해 수사한 인지 사건의 피의자에게는 불기소 처분을 하더라도 그 내용을 통지하지 않는다. 그러나 제2항 규정을 보면 통지 대상인 피의자에 대해 아무런 제한이 없기 때문에 인지 사건에 있어서도 불기소 처분을 한 경우 피의자에게 통지하는 것이 옳다. 어떤 국민이 국가 기관에 의해 피의자로 입건됐다가 불기소 처분을 받는다면 이를 알려 주는 것은 국가 기관의 당연한 의무라고 봐야 한다.

검찰사건사무규칙 제143조 제5항엔 검찰청의 사건 사무 담당 직원은 진정 사건의 처리 결과를 진정인 등에게 통지하도록 돼 있다. 이것 역시 피진정인에겐 관련 규정이 없다는 이유로 통지하지 않고 있다. 그러나 피진정인에게도 처리 결과를 통지해야 마땅하다. 어떤 국민이 진정을 당해 내사를 받았고 사건이 처리되면 그 결과에 대하여 통지를 받을 권리가 있는 것이다.

범죄 피해자 보호법 제8조 및 제8조의2는 범죄 피해자의 형사 절차 참여권 및 진술권 보장을 설명하면서 이를 지원하기 위한 수사 및 재판 과정의 정보 제공 등에 대해 규정하고 있다.[15] 구체적 내용은 범죄 피해자 보호법 시행령 제10조 및 제10조의2에 담겨 있다. 범죄 피해자에게 제공해야 하는 형사 절차 관련 정보의 내용을 구체화하는 한편, 그 방법 등에 관해 소상하게 규정하고 있다.[16] 그리고 대검 예규 제432호 '범죄 피해자 보호 및 지원에 관한 지침'에는 제4장 범죄 피해자에 대한 통지 부분에서 제19조부터 제28조까지 모두 10개 조문에 걸쳐 검찰이 피해자에게 사건 처분 결과, 공판 개시, 재판 결과, 출소, 보호 관찰 집행 상황 등을[17] 서면 등의 방법으로 통지하는 것에 관해 규정하고 있다. 이것이 사건 관계인에게 통지하는 제도의 전부다. 그러나 이 정도의 통지만으로는 검찰이 사건 관계인에게 충분하게 통지하고 있다고 볼 순 없다.

범죄 피해자의 지위도 고소인 또는 고발인에 준한다고 봐야 한다. 형사소송법 제258조 제1항의 '사건 처분결과 통지' 규정이 범죄 피해자에게도 적용되는 것으로 볼 필요가 있다. 일정 부분은 현행 범죄 피해자 보호법 등에 의해 이미 실시되고 있는 것으로 볼 수도 있다. 하지만 범죄 피해자 보호법 시행령 제10조 제3항 및 대검 예규 제21조 제2항[18] 등에 의하면 검사가 피해자 중 통지의 대상을 제한할 수 있다. 이를 개선해 모든 범죄 피해자를 고소인 또는 고발인에 준해 통지의 대상으로 확대하는 편이 옳다고 본다. 고소인 또는 고발인, 그리고 모든 범죄 피해자는 사건이 어떻게 접수돼 어떻게 수사가 진행되고 있는지, 어떻게 처분됐는지를 통지받아 알 수 있어야 한다.

피의자에 대한 현행 통지 제도도 획기적으로 개선해야 한다. 고소 또는 고발을 당하거나 수사 기관에서 인지해 입건되는 경우 그 내용을 피의자에게 반드시 통지해야 한다. 평범하게 살던 어떤 사람이 어느 날 갑자기 피의자 신분이 됐음에도 불구하고 수사 기관의 통지가 없어 모르고 살아간다는 것은 납득할 수 없는 일이다. 형사적으로 입건된다는 것은 수사 기관에 의해 인권 침해적 처분을 받는 것이라고 볼 수 있다. 침해적 처분의 대상자에게 아무런 통지를 하지 않는다는 것은 피의자의 인권 보장 차원에서 개선돼야 할 부분이다.

물론 어떤 사람을 피의자로 입건하고 압수 수색을 앞둔 상태에서 통지를 하게 되면 수사의 밀행성을 어기게 된다는 반박도 가능하다. 수사 중이라는 사실이 알려져 증거를 인멸하거나 도주하는 등 수사를 제대로 할 수 없을 것이라는 지적도 있을 수 있다. 그러나 수사 기관이 수사의 밀행성만을 강조한다면 수사권 행사의 편의성과 자의성만을 우선해 피의자의 인권은 고려하지 않는다는 지적 역시 가능하다. 절충하자면 피의자에 대한 입건 통지가 증거 인멸, 증인 위협 등 공정

한 사법 절차의 진행을 방해할 우려가 있는 경우에는 통지를
일정 기간 유예하는 것도 방법이다.

입건된 피의자에 대한 수사 진행 상황도 통지해야 한
다. 통상적인 경우 경찰에서 검찰로 사건이 송치되고 나면 피
의자는 자기 사건을 누가 수사하고 있는지 알 수가 없다. 경
찰이 검찰로 사건을 송치하면 사건을 언제, 어떤 의견으로 어
느 검찰청으로 송치했는지 통지해야 바람직하다. 검찰은 피
의자에게 송치된 사건의 주임 검사와 사건 번호 등에 관한 사
항을 통지해야 한다. 그래야만 자신의 혐의에 대해 항변할 수
있는 피의자의 인권도 보장하고 형사 사법 절차의 투명성도
제고할 수 있다.

검사가 사건을 처분하면 모든 피의자에게 검사의 처분
결과를 통지해야 한다. 현행과 같이 불기소하는 경우에만 피
의자에게 통지할 것이 아니라, 어떤 경우든 통지할 필요가 있
다. 자기가 피의자로 입건된 사건의 검사가 사건을 어떻게 처
분했는지 결과를 알 수 없도록 하는 제도는 불합리하다. 통지
제도 개선에 관해서는 인권보호수사준칙에 제2장 제9절을 신
설해 아래와 같이 규정해야 한다.

《개정안》 제9절 사건 관계인에 대한 각종 통지

제66조의2 (입건 통보) 어떤 사람을 피의자로 입건한 경우,

검사는 피의자에게 입건하였음을 통지하여야 한다.

제66조의3 (송치 통보) 사법 경찰 관리가 사건을 수사한 후 검찰청으로 송치하면 피의자 및 피해자(고소인·고발인 포함 : 이하 같음)에게 언제 어느 검찰청으로 어떤 의견으로 송치하였는지 통지하여야 한다. 사건을 수리한 검찰청도 피의자 및 피해자에게 사건 번호와 주임 검사 등에 관한 사항을 통지하여야 한다.

제66조의4 (사건 처리 통보) 검사가 사건을 수사한 후 기소 또는 불기소 처분하면 피의자 및 피해자에게 언제 어떤 내용으로 사건을 처리하였는지 통지하여야 한다.

수사의 절차와 방법을 명확하고 구체적으로 규정하는 것은 사건 관계인의 인권을 보장하고 수사의 적정성과 투명성을 확보하기 위해서다. 이는 매우 시급한 과제다. 따라서 법무부나 검찰이 이 책에서 제안한 개정안을 반영해 현행 인권보호수사준칙을 개정하거나 다른 규칙을 신설해야 한다.

이에 대하여 검찰은 "수사를 제대로 할 수 없다"라고 주장하면서 개정안이나 신설 규칙의 도입을 거부하고 저지하려 할 것이다. 그렇다면 국회에서 가칭 '수사 절차법'이라는 법률을 제정해야 한다. 수사의 과정과 절차에서 사건 관계인이 겪는 인권 침해가 심각하다. 법무부나 검찰이 인권보호수사준칙을 개정하거나 규칙을 신설하지 않는다면 국회가 움직일 필요가 있다.

영국의 경우 1984년 제정된 '경찰 및 형사증거법Police and Criminal Evidence Act'과 '경찰관 집무 규칙Code of Practice'에 수사 절차가 상세히 규정돼 있다. 우리도 수사 절차법을 제정하면 수사 기관의 월권적이고 인권 침해적인 수사 행태를 통제할 수 있을 것이다.

기소를 결정하는 것은 사람이 아니다

현재는 검사가 어떤 사건을 처리함에 있어 공소를 제기하느냐 기소를 유예하느냐를 결정하는 데 명확한 기준이 없다. 형사소송법 제247조엔 "검사는 형법 제51조의 사항을 참작해 공소를 제기하지 아니할 수 있다"라고 규정돼 있다. 그러나 참작을 어느 정도로 해서 공소 제기 여부를 판단해야 할지는 여전히 애매하다.

사실 형법 제51조는 검사를 대상으로 한 것이 아니다. 법관이 피고인에게 형을 정할 때 참작해야 하는 사항을 규정하는 조문이다. 형사 재판에서 법원은 피고인에 대해 심리를 진행해 일단 유무죄 여부를 판단하고 유죄인 경우 형량을 결정한다. 형의 내용을 결정하는 것은 법관의 재량으로, 형벌의 목적이나 사회 정의, 국법 질서를 수호하는 차원에서 적정한 형량을 선택하는 것이 중요하다.

　　과거에는 양형이 법관의 재량에 속한다는 이유로 부당한 형량이 선고되는 사례가 일부 있었다. '유전무죄 무전유죄'라는 말이 회자될 정도로 사법부에 대한 신뢰가 낮았다. 2003년 대법원 산하에 설치된 '사법개혁위원회'는 개혁 과제 중 하나로 양형 제도 개선을 제시했다. 2004년 11월 의결된 양형 제도 개선 방안엔 양형 자료 조사 제도를 도입하고 대법원이 양형 데이터베이스 시스템을 구축할 필요가 있다는 내용이 담겼다. 참고적 양형 기준제를 도입하고, 이를 위해 대법원에 양형위원회를 설치한다는 결정도 포함됐다.

　　2005년 1월 대통령 자문 기구로 설치된 '사법제도개혁추진위원회'에서는 양형 제도의 개선에 대해 법원과 검찰이 각각 다른 법률안을 제출해 논쟁과 검토를 거쳐 2007년 1월 입법화됐다. 법원조직법에 '제8편 양형위원회'를 신설해 "형刑을 정할 때 국민의 건전한 상식을 반영하고 국민이 신뢰할 수 있는 공정하고 객관적인 양형量刑을 실현하기 위하여 대법원에 양형위원회를 두고 그 양형위원회는 법관이 합리적인 양형을 도출하는 데 참고할 수 있는 구체적이고 객관적인 양형 기준을 설정하거나 변경하며 법관은 형의 종류를 선택하고 형량을 정할 때 양형 기준을 존중하되 양형 기준이 법적 구속력을 갖지는 아니한다"라고 명시했다.

양형 기준제가 도입된 뒤 법관이 선고하는 형량에 대해 시중에 나돌던 '전관예우', '유전무죄 무전유죄', '들쑥날쑥 판결'과 같은 부정적인 말이 크게 줄어들었다. 사법부에 대한 국민의 신뢰가 많이 향상됐다고 생각한다.

그런데 검사가 공소 제기 여부를 결정하는 데도 객관적 기준이 없다. 그러다 보니 영향력 있는 전직들의 전관예우 문제도 여기서 비롯되는 면이 있다. 사안에 따라서가 아니라 그때그때 경우에 따라서, 또는 사람이 누구인지에 따라서 공소 제기 여부가 결정되기도 한다. 법치法治가 아니라 인치人治인 셈이다. 현대 국가를 지탱하는 원칙이라 할 수 있는 법치주의 이념에 반하게 된다.

법원의 양형 기준제와 같은 제도를 검찰에도 도입할 필요가 있다. 명칭은 '기소 기준제'가 적당할 것이다. 기소 기준제는 혐의가 인정되지 않는 사안에는 당연히 적용되지 않는다. 기소 기준제를 도입하게 되면 검찰은 투명성과 객관성, 그리고 형평성과 공정성을 확보할 수 있을 것이다. 법원의 양형 기준제가 도입될 당시 검찰은 법원 판결의 공정성과 객관성을 확보할 수 있을 것이라는 이유로 강력하게 양형 기준제의 도입을 주장한 바 있다. 마찬가지 논리로 검찰 결정의 투명성과 형평성을 확보하기 위해서 검찰에 기소 기준제가 도입돼야 한다. 법원의 양형 기준제 도입을 강력하게 주장했던 검찰이 기소 기준제의 도입을 반대할 명분은 없을 것이다.

검사가 기소 여부를 결정할 때는 범죄의 죄질, 범정犯情 및 피의자의 책임의 정도를 반영해야 한다. 범죄의 일반 예방과 피의자의 재범 방지 및 사회 복귀를 고려할 필요도 있다. 같은 종류 또는 유사한 범죄는 고려해야 할 양형 요소에 차이가 없으면 처분에 있어서도 서로 다르지 않게 취급해야 한다. 피의자의 국적, 종교 및 양심, 사회적 신분 등을 이유로 차별하지 않아야 한다. 범죄의 중대성을 가중하거나 감경할 수 있는 사정, 피의자의 나이, 성품과 행실, 지능과 환경, 피해자와의 관계, 범행의 동기, 수단 및 결과, 범행 후 정황, 범죄 전력, 그 밖에 합리적인 양형을 도출하는 데 필요한 사항을 종합적으로 고려해야 한다.

이러한 기소 기준을 설정하거나 변경하기 위해 대검찰청에 '기소기준위원회'를 두고 관련 업무를 담당하도록 해야 한다. 기소기준위원회는 법원의 양형위원회와 마찬가지로 학식과 경험이 있는 사람들로 다양하게 구성할 필요가 있다. 다만 현재 법원에서 활용 중인 양형 기준표와 비슷한 형태로 검찰의 기소 기준표를 만들어서는 실제로 활용하기 어려울 것이다. 검찰의 기소 기준표는 양형의 범위를 설정하는 것이 아니라 공소 제기 또는 기소 유예의 기준을 만드는 것이기 때문이다. 또 내사 단계에서 피의자 입건 여부를 결정할 때도 당연히 이 제도가 적용될 필요가 있다고 본다.

검찰의 기소 기준표는 범죄별로 그 죄질 및 중대성 등을 감안하여 각각의 기본 점수를 부여하고, 이 기본 점수에 가중 또는 감경되는 사유에 따라 각각 어떤 점수를 더하거나 빼서 최종적인 점수를 산출한 다음, 최종 점수를 공소 제기 여부의 기준이 되는 점수(이 기준 점수는 언제나 일정)와 비교하여 기소 여부를 결정하는 방식이다. 몇 가지 사례를 제시한다.

사례 1 피의자가 절도 범죄를 저질렀다. 절도죄의 기본 점수는 75점이다. 그런데 피의자는 상습범이었기에 12점이 가산된다. 반면 피의자는 가족의 생계를 위해 할 수 없이 범행에 이르렀기에 6점이 공제되고, 피해자와 합의도 했기에 추가로 7점이 공제된다. 결과적으로 74점(75+12-6-7)이 산출되는데, 기소 기준 70점보다 높은 점수이므로 피의자에 대해서는 공소를 제기함이 합당하다.

사례 2 피의자가 강도죄를 저질렀다. 강도죄의 기본 점수는 83점이다. 그런데 피의자는 흉기를 사용했기에 10점이 가산된다. 반면 피의자는 너무나 배가 고픈 나머지 어쩔 수 없이 범행에 이르렀기에 6점이 공제되고, 초범인 관계로 5점이 추가로 공제된다. 결과적으로 82점(83+10-6-5)이 산출되는데,

기소 기준 70점보다 높은 점수이므로 피의자에 대해서는 공소를 제기함이 합당하다.

사례 3 피의자가 살인 범죄를 저질렀다. 살인죄의 기본 점수는 90점이다. 그런데 피해자는 야간에 피의자의 자택에 침입하여 절취할 물건을 물색 중이었기에, 피해자가 범행을 유발한 점을 감안하여 9점이 공제된다. 피해자를 발견한 피의자는 소리를 치며 야구 방망이를 집어 들었고, 피해자가 도주하려는 순간 피의자는 너무 놀란 나머지 야구 방망이로 피해자의 머리를 1회 가격하여 살해하였기에, 과잉 방위에 해당하여 10점이 공제된다. 그 후 피의자는 경찰에 신고하여 자신의 범죄를 자수하였기에 5점이 공제되며, 피해자의 가족들과 합의를 했기에 7점이 추가로 공제된다. 결과적으로 69점(90-9-10-5-7)이 산출되는데, 기소 기준 70점보나 낮은 점수이므로 피의자에 대해서는 기소를 유예함이 합당하다.

사례 4 피의자가 상해 범죄를 저질렀다. 상해죄의 기본 점수는 78점이다. 그런데 피의자는 부친인 피해자에게 상해를 가했기에 11점이 가산된다. 피의자는 부친인 피해자가 오랜 기간에 걸쳐 모친을 폭행하는 모습을 보고 마음 아파하던 중, 범행 당시에도 피해자가 모친을 폭행하자 격분한 나머지 피의자에게 상해를 가했기에, 피해자에게도 범행의 발생에 상당한 책임이 있어 9점이 공제된다. 그 후 부친인 피해자가 오히려 자신의 과오를 반성하고 아무 조건 없이 피의자에 대한 처벌을 원하지 않기에 7점이 공제된다. 그리고 피의자는 초범이기에 5점이 추가로 공제된다. 결과적으로 68점(78+11-9-7-5)이 산출되는데, 기소 기준 70점보다 낮은 점수이므로 피의자에 대해서는 기소를 유예함이 합당하다.

사례 5 피의자가 강간 범죄를 저질렀다. 강간죄의 기본 점수는 83점이다. 그런데 피의자는 자녀가 보는 앞에서 부녀를 강간했기에 10점이 가산된다. 반면 피의자는 정신병을 앓고 있어 심신 미약의 상태이기에 9점이 공제되며, 피해자 측과 합의를 했기에 7점이 추가로 공제된다. 결과적으로 77점(83+10-9-7)이 산출되는데, 기소 기준 70점보다 높은 점수이므로 피의자에 대해서는 공소를 제기함이 합당하다.

사례 6 피의자가 사기 범죄를 저질렀다. 사기죄의 기본 점수는 79점이다. 그런데 피의자는 초범이기에 5점이 공제되고, 피해자 측과 합의를 했기에 7점이 추가로 공제되며, 피해액이 5000만 원에 미치지 않아 점수에 가감이 없다(5000만 원 이상이면 가산 점수가 있다). 결과적으로 67점(79-5-7)이 산출되는데, 기소 기준 70점보다 낮은 점수이므로 피의자에 대해서는 기소를 유예함이 합당하다.

사례 7 피의자가 뇌물 범죄를 저질렀다. 뇌물죄의 기본점수는 82점이다. 그런데 피의자가 받은 뇌물액이 3000만 원을 초과하기에 5점이 가산된다. 반면 피의자는 초범이기에 5점이 공제되고, 뇌물로 받은 금원을 전액 반환했기에 6점이 추가로 공제된다. 결과적으로 76점(82+5-5-6)이 산출되는데, 기소 기준 70점보다 높은 점수이므로 피의자에 대해서는 공소를 제기함이 합당하다.

형사소송법 제247조는 기소 편의주의를 천명하고 있다. 기소 편의주의는 증거가 충분히 확보되고 소추 요건이 모두 갖춰져 있어도 제반 사정을 감안해 검사 재량으로 불기소 처분을 할 수 있다는 것이다. 같은 상황에서 반드시 공소를 제기해야 한다는 '기소 법정주의(기소 강제주의)'와 대립되는 개념이다.

기소 편의주의는 탄력성 있는 법 집행이 가능하다는 점에서 기소 법정주의보다 합리적이라는 것이 통설이긴 하다. 그러나 기소 편의주의가 항상 합리적으로 운용되는 것은 아니다. 때로는 기소 편의주의가 남용돼 비판의 대상이 되곤 한다. 대표적인 사례가 '12·12 사건'에 있어 전두환 등 피의자들이 기소 유예 처분을 받은 경우이다.

당시 검찰은 이들의 죄가 명백히 인정된다면서도 재판 과정에서 과거사가 반복 거론되고 법적 논쟁이 계속돼 불필요하게 국력을 소모할 우려가 있다고 밝혔다. 이 사건에 대한 역사적 평가를 후세에 맡기자는 이유도 내세웠다. 그러자 검찰의 '억지 중재'식 기소 유예 결정은 누구나 재판을 받을 헌법상의 권리를 침해하는 것이라는 비판이 제기됐다. 중대 범죄자를 처벌하지 않고서는 진정한 국가 발전을 이룰 수 없다는 지적도 나왔다.

검찰의 기소 유예 결정에 대하여 이 사건을 처음 고소한 정승화 전 육군 참모총장 등 22명은 헌법 소원을 제기했다. 헌법재판소는 "충실한 과거 청산, 정의의 회복과 국민들의 법 감정 충족 등과 같은 기소 사유가 갖는 의미도 중대하다"면서도 "이 사건을 둘러싼 사회적 대립과 갈등의 장기화 또한 가볍다고 할 순 없고 두 가치의 우열은 명백하지 않다"는 논리를 세워 사실상 검찰 주장에 손을 들어줬다.

헌법재판소는 결국 "검사가 어느 한쪽을 선택하고 다른 사정도 참작해 기소를 유예하는 처분을 하였다면 그 처분이 형사소송법 제247조 제1항에 규정된 기소 편의주의에서 말하는 검사의 재량의 범위를 벗어난 것이 아니며 헌법재판소가 관여할 정도로 자의적인 결정이라고 볼 수 없다"고 다수

의견으로 헌법 소원을 기각했다.[19]

12·12 사건에 대한 검찰의 기소 유예 결정은 과연 타당했을까? 김영삼 정부의 '역사 바로 세우기' 차원에서 진행된 전두환·노태우 두 전직 대통령에 대한 사법 처리 결과와 이에 대한 국민의 지지와 호응도를 보면 12·12 사건에 대한 검찰의 당초 기소 유예 결정은 잘못됐다고 보는 편이 역사적으로 온당하다. 법리적으로 봐도 형법 제51조의 사항을 고려할 때 범행 동기, 수단과 결과, 범행 후의 정황 등 어떤 것도 기소 유예 참작 사유가 되기 어렵다. 또한 검사가 기소 유예할 수 있는 사건은 법원에서 선고 유예를 받을 만하거나 그보다 경미한 사건에 국한되어야 한다. 이 사건은 국가적 중대사이기 때문에 검사의 기소 유예 처분은 재량을 과도하게 남용한 것으로 볼 수 있다.

기소 기준제를 도입하게 되면 중요 범죄의 경우 최종 산출되는 점수가 기준점보다 통상 높을 것으로 예상된다. 중요 범죄에 대한 사건은 대체로 기소하는 방향으로 결론이 날 것이다. 어떤 면에서는 기소 기준제의 도입이 사실상 기소 법정주의를 실현하는 측면도 있다. 기소 편의주의가 태생적으로 가지고 있는 단점인 검찰권의 자의적 행사를 막을 수 있다는 점에서 기소 기준제는 검찰권 남용의 통제 방안이 될 수 있다.

피의자 신문 조서의 특혜 폐지

현행 형사소송법 제312조에 따르면 검사가 작성한 피의자 신문 조서는 적법한 절차와 방식에 따라 작성됐다면 피고인의 부인 여부와 관계없이 재판에서 증거 능력이 부여된다. 검사 이외의 수사 기관이 작성한 피의자 신문 조서의 경우 피고인 또는 변호인이 법정에서 내용을 부인하면 증거 능력이 부정되는 것과는 매우 다르다.

검사 작성 피의자 신문 조서의 증거 능력이 일종의 특혜를 누리게 된 것은 1954년 형사소송법이 제정될 때부터다. 당초 이승만 정부는 검사가 작성한 피의자 신문 조서와 검사 이외의 수사 기관이 작성한 피의자 신문 조서의 증거 능력에 대해, 증거 능력의 취득 요건을 동일하게 규정한 법률안을 국회로 송부했다.

《정부안》제299조 검사, 수사관, 사법 경찰관의 피의자 또는 피의자 아닌 자의 진술을 기재한 조서, 검증, 감정의 결과를 기재한 조서 및 압수한 서류나 물품은 공판 준비 또는 공판 기일에 피고인이나 피고인 아닌 자의 진술에 의하여 그 성립의 진정함이 인정된 때에는 증거로 할 수 있다.

그런데 국회 법사위에서 "검사 이외의 수사 기관에서

작성한 피의자 신문 조서는 그 내용을 인정할 때에 한하여 증거 능력이 있다"라는 내용을 추가했다.

> **《국회 법사위 수정안》 제312조** (동전) 검사 또는 사법 경찰관의 피의자 또는 피의자 아닌 자의 진술을 기재한 조서, 검증 또는 감정의 결과를 기재한 조서와 압수한 서류 또는 물건은 공판 준비 또는 공판 기일에 피고인이나 피고인 아닌 자의 진술에 의하여 그 성립의 진정함이 인정된 때에는 증거로 할 수 있다. 그러나, 검사 이외의 수사 기관에서 작성한 피의자 신문 조서는 그 피의자였던 피고인 또는 변호인이 공판정에서 그 내용을 인정할 때에 한하여 증거로 할 수 있다.

당시 국회 법사위 엄상섭 위원은 "검찰관이나 경찰 기관에서 진술한 내용은 피고인이나 변호인 측에서 이의가 없을 때만 유죄의 증거로 하고 만일 이의를 말할 때는 유죄의 증거로 할 수 없도록 해야 한다"면서도 "다만 경찰 기관에서 작성한 조서만 이의가 있을 때 증거 능력을 주지 말고 검찰 기관은 그대로 두게 됐다. 이는 절충이 돼서 그렇게 규정하게 된 것"이라고 설명했다.

엄 위원이 이와 같이 피의자 신문 조서의 증거 능력에 절충적 차이를 둔 배경에는 엄 위원 본인이 검사 출신인 것이 작용한 듯하다. 그는 평소 판사나 검사는 교양과 경험 면에서 별다른 차이가 없다고 주장했다. 그래서 "형사 재판의 신뢰도 측면에서 판사와 검사를 구별하고 싶지 않으며 처우에 있어서도 절대 평등이 정당하다고 본다"라는 생각을 가지고 있었기[20] 때문에 검사 작성 피의자 신문 조서의 증거 능력에 특혜를 주고 싶었던 것인지도 모르겠다.

　법사위에서 수정된 내용은 국회 본회의를 그대로 통과했다. 1954년 2월 28일 국회는 '형사소송법안 이송의 건'이라는 제목으로 형사소송법 제정안을 정부로 보냈다. 하지만 이승만 정부는 2주 후인 1954년 3월 13일 '형사소송법 이의에 관한 건'이라는 제목으로 법률안 거부권을 행사했다. 제312조를 포함한 형사소송법 제정안에 대해 국회에 재의를 요구했다.

　정부는 제312조의 재의를 요구하는 이유에 대해 "우리나라 범죄 수사의 실정은 사법 경찰관이 중추적인 임무를 담당하고 있고, 검사는 법률적인 견지에서 지휘와 감독을 담당하며 이에 대한 소추권을 행사하는 직책을 가지고 있다"며 "따라서 범죄의 실체적인 사실 발견의 대부분이 검사 수사 이전의 각종 수사 보조 기관(사법 경찰 관리)에서 이뤄지고 있다"라고 밝혔다. 아울러 "검사 수사 이전의 단계에서 작성된 조서를 공판정에서 피고인이나 변호인이 인정하지 않으면 증거로 할 수 없다면, 일반적으로 피고인에게 불리한 진술 내용은 거의 전부가 부인될 것"이라며 "공판에 있어서의 진실 발견은 도저히 기대하기 어려울 것이며 검사는 범죄 사건의 수사 전부를 처음부터 다시 반복해야 하므로 사법 경찰 관리의 범죄 수사를 법률적으로 무의미하게 만들어서 그 기능을 상실케 하는 결과가 된다"라고 주장했다.

그러나 국회는 1954년 3월 19일 '형사소송법 재의의 건'을 상정해 재적 의원 2/3의 출석과 출석 의원 2/3의 찬성을 얻어 재의결해 형사소송법 제정안을 그대로 확정했다. 재의결 당시 국회 법사위원장은 국회 본회의 보고에서 "이번 형사소송법은 극도로 수사의 중심을 검찰청에 둔 것으로 검사가 수사의 중심이 되도록 검사 작성 조서가 증거 능력을 가지게 했다"라고 설명했다.

한 가지 분명한 사실은 검사가 작성한 피의자 신문 조서에도 검사 이외의 수사 기관이 작성한 것과 마찬가지 수준의 증거 능력만을 주자는 주장이 이미 1954년부터 제기됐다는 점이다. 형사소송법이 제정될 당시에는 오로지 수사의 중심을 검찰에 두기 위해 검사가 작성한 피의자 신문 조서에 "내용을 인정할 필요 없이" 증거 능력을 부여했던 것뿐이다. 법관과 동일한 자격을 보유한 준사법 기관으로서 수사의 독립성과 정치적 중립성을 갖추고 있으며, 인권 옹호 기관 겸 공익의 대표자로서의 검사 지위를 인정하고 배려하는 연장선상에서 특혜를 부여한 셈이다. 그러나 지금은 검찰 수사의 적법성과 적정성, 투명성이 크게 문제되고 있고 검찰권 남용의 위험성에 대한 비판이 높이 제기되고 있다. 따라서 형사소송법을 제정할 당시 국회가 취한 절충적 입장이 그대로 유지될 필요가 있는지 의문이다. 타건 압박 수사와 심야 조사 등을 통한 강압수사로 많은 사람들을 사지死地로 몰아넣고 있는 일부 검사의 행태를 보면 이런 특혜를 유지할 필요나 이유를 찾기 어렵다.

그리고 검사들은 공소 유지에 유리한 내용으로 피의자 신문 조서를 작성하기만 하면 쉽게 증거 능력이 인정되고 유죄를 이끌어 낼 수 있다는 유혹에 빠지게 됐다. 이와 같은 폐단을 방지하기 위해서라도 검사 작성 피의자 신문 조서의 증거 능력 부여 요건을 엄격히 할 필요가 있다.

전 세계적으로 조서 제도를 채택하고 있는 나라는 우리나라와 일본 등 몇몇 국가에 불과하다. 그런데 조서는 작성자의 의도에 의해 왜곡될 가능성이 높다는 태생적 한계가 있다. 피의자는 전문적인 개념이나 논리를 잘 알지 못하는 경우가 대부분이다. 수사 기관은 이를 악용해 교묘하게 법률 용어를 사용해 피의자의 의사를 왜곡시킬 가능성이 있다. 예를 들어 과실이나 미필적 고의처럼 중요한 사항인데도 용어의 문제로 인해 피의자가 의미를 제대로 파악하지 못하는 경우가 많다. 수사 기관의 질문 내용과 방식에 따라 피의자의 의사가 얼마든지 왜곡돼 조서에 기재될 수 있는 것이다. 조서는 사실 그대로를 반영하기보다는 작성자의 의도가 반영될 수밖에 없기 때문에 증거 능력을 까다롭게 부여하는 편이 바람직하다.

조서는 보통 '작성한다'가 아니라 '꾸민다'는 표현을 쓴다. 여기에도 조서 왜곡과 관련한 이유가 있다. 조서를 작성하는 과정에서 조사자는 미리 조서에 기재할 사항을 구상해 두고 피조사자를 상대로 문답을 한다. 답변이 조사자의 구상과 부합하면 그대로 기재하고 부합하지 않으면 반복해서 질문해 원하는 답변을 이끌어 내거나 아예 기재하지 않는다. 이런 신문 과정에서 수사 기관은 원하는 대답을 들으려고 답변을 유도하거나 강요하기도 한다. 그리고 실제 피조사자는 "예" 또는 "아니오"라고 답변했을 뿐인데도 조서에는 장황한 진술이 담기는 경우도 있다. 이처럼 조서는 작성 과정에서 필연적으로 오류가 발생할 위험이 있다. 공판 중심주의의 측면에서도 조서의 증거 능력은 가능한 한 제한하는 편이 옳다. 공판 중심주의를 제대로 구현하기 위해서는 수사 과정에서 작성된 피의자 신문 조서의 증거 능력을 인정하지 말고 법정에 나와 있는 피고인을 상대로 직접 문답을 하면 된다.

검사가 작성한 피의자 신문 조서가 다른 수사 기관이 작성한 피의자 신문 조서와 비교해 증거 능력에 있어 특혜를 누려 온 것이 위헌이라는 주장도 있다.[21] 형사소송법 제312조 제

1항은 무죄 추정을 받는 피고인의 법정 진술보다 검사가 작성한 피의자 신문 조서를 더 믿는 것이어서 공판 중심주의에 현저히 반한다. 법관에 의한 재판이 실제로는 검사에 의해 왜곡될 개연성을 제도적으로 보장하는 것이다. 무죄 추정의 원칙과 적법 절차의 원리에 위배된다고 볼 수 있다. 아울러 유죄의 입증 책임이 있는 검사에게 증거 능력에 대한 책임을 경감시켜 부당한 혜택을 주는 측면도 있다. 반면 피고인에게는 사실상 '강요된 불이익'으로 작용해 평등권이 침해될 수 있다. 결국 검사가 작성한 피의자 신문 조서의 강력한 증거 능력이 검사로 하여금 자백 확보에 주력하도록 만들어 고문 금지, 진술 거부권, 피의자의 생명 신체권 등 헌법상의 권리가 침해될 가능성이 높아진다고 볼 수 있다.[22]

형사소송법 제312조 제1항에 규정되어 있는 바와 같이, 검사 작성 피의자 신문 조서의 증거 능력을 인정하는 단서로 명시된 "특히 신빙할(믿을) 수 있는 상태(특신特信 상태)에서 작성된 경우"라는 표현도 문제다. 현행법에서는 검사가 아니라 피고인이 특신 상태의 흠결을 입증해야 하기에 사실상 불이익으로 작용한다. 특신 상태라는 말 자체가 모호성을 내포하고 있어서 이 단서 규정은 검사가 작성한 피의자 신문 조서에 증거 능력을 부여하는 요건을 불명확하게 정한 것이라는 비판도 있다.

물론 검찰은 이런 비판을 받아들이지 않을 것이다. 준사법 기관인 검사의 지위를 무시한다거나, 피고인이 자신에게 불리한 피의자 신문 조서에 대해서는 무조건 내용을 부인하는 바람에 실체적 진실을 발견하기 어렵다는 불만이 예상된다. 수사를 제대로 할 수 없고 재판이 지연돼 결과적으로 낭비라고 주장할 것이다. 수사의 결과물인 피의자 신문 조서를 피고인 측이 부인하기만 해도 무효화하면 형사 사법의 근간을 무너뜨리는 것이라는 비판도 있다. 그렇지만 검사가 작성한 피의자 신문 조서라고 해서 특별히 예외로 취급해야 할 논리적 당위는 없다.

실제로 재판을 하면 검찰에서 제대로 수사를 받은 피의자는 법정에서도 거의 대부분 그대로 자백한다. 검찰이 주장하는 바와 같이 피고인이 자신에게 불리한 피의자 신문 조서라고 하여 무조건 그 내용을 부인하는 사례가 많다고는 할 수 없다. 오히려 피의자가 검찰에서 강압적으로 조사받아 제대로 진술하지 못했거나 진술 내용과 다르게 조서가 작성되었을 때 문제가 된다. 현 제도에서는 조서의 증거 능력을 부정하기 어렵기 때문에 억울한 사례가 발생한다. 이러한 경우 조서는 검찰 수사 과정에서의 왜곡을 재판 과정에서 바로잡을 수 없도록 만드는 방해물로 작용할 뿐이다.

검찰의 솔직한 마음은 준사법 기관이라는 검사의 지위

를 무시하는 것이 아니냐는 주장을 하고 싶을 것이다.[23] 검사들의 자존심과 직결되는 문제이기 때문에 실무상으론 이런 주장이 여러모로 힘을 발휘할 것이다. 하지만 검사가 준사법기관으로서 인권을 옹호하고 공익을 대표한다는 것과 검사가 작성한 피의자 신문 조서가 특권을 누려야 한다는 것 사이에 논리적 연결 고리가 보이지는 않는다.

타건 압박 수사는 범죄다

현행법에 타건 압박 수사를 금지하는 규정은 없다. 그래서 검찰은 타건 압박 수사가 허용되는 것으로 보고 활용하고 있다. 대법원 역시 다른 사건으로 수사 중에 있는 사건 관계인의 진술에 관해 "별건으로 수사 중에 있는 사람의 참고인 진술은 그 진술이 별건에서의 유리한 처분을 얻기 위해 수사관의 의도에 영합하려는 동기에서 나온 허위 진술이 아닌지 주의를 기울여 그 증거 능력이나 신빙성을 판단하여야 한다"라고 판시하며,[24] 타건 압박 수사 자체의 적법성 여부는 논하지 않는다. 타건 압박 수사 중 획득한 진술의 증거 능력이나 신빙성 여부만 살피고 있는 것이다.

타건 압박 수사는 과연 적법한 것일까? 검찰 수사 중 많은 사람이 자살하고 있는 현실을 보면 답이 나온다. 타건 압박 수사는 사람을 죽게 만드는 일종의 살인적 수사 방법으로 하루빨리 사라져야 하는 불법적 수사 행태다.

타건 압박 수사를 무조건 불법이라고 단정하기 어려울 수도 있다. 검찰이 타건 압박 수사에 대해 그럴 듯한 명분을 내세울 수 있기 때문이다. 예를 들어 검찰이 B범죄를 수사하던 도중 우연히 A범죄의 증거를 입수하게 됐다고 치자. 검찰로서는 A범죄에 대해 '어쩔 수 없이' 수사에 착수하는 것이라고 주장할 수 있다. 처음부터 A범죄를 목표로 하고 B범죄 수사에 착수한 것은 아니라는 강변이다. 이런 경우 외부에서는 검찰의 수사 행태에 문제를 삼을 만한 꼬투리를 잡기 어려운 것도 사실이다.

그렇지만 실제로는 본건인 A범죄 수사를 목표로 한 상태에서 타건인 B범죄 수사를 통해 확보된 증거를 내세워 피의자나 사건 관계인을 압박하는 사례가 존재한다. 이러한 방식이 과연 헌법과 법률에서 허용하는 수사 방법인가 하는 점이 문제인 것이다.

검찰은 미국의 '플리바게닝plea bargaining 제도'[25]와 비슷한 수사 방법이므로 당연히 허용돼야 한다고 주장할 수 있을 것이다. 그러면서 타건 압박 같은 방법을 동원하지 않으면 뇌물 사건 같은 당사자 사이의 은밀한 범죄는 적발하기 어렵다고 주장하며 어쩔 수 없이 타건 압박 수사가 필요하다고 할 수도 있다.

미국의 플리바게닝 제도를 도입할 것인지 여부와는 관계없이 타건 압박 수사는 허용돼선 안 된다.[26] 타건 압박 수사는 수사 과정에서 피의자나 사건 관계인을 심리적으로 압박하는 단계가 필수적이다. 그때 심각한 인권 침해 내지 인권 유린이 필연적으로 발생한다.

헌법 제12조 제2항 규정을 보면 '고문을 받지 않을 권리'와 '형사상 자기에게 불리한 진술을 강요당하지 않을 권리'가 같은 조항에 서술돼 있다. 진술 거부권은 고문 금지와 같은 차원에서 보장돼야 하는 헌법상 국민의 기본적 권리임을 분명하게 선언하고 있는 것이다. 헌법에 의해 소중하게 보호돼야 하는 진술 거부권이 검찰의 자의적인 수사 방식과 행태로 침해되고 무시되고 있다. 육체적으로 고문을 가하는 것만큼 진술 거부권을 침해하는 것 역시 정신적·심리적으로 큰 고통이다.

피의자는 범죄의 증거가 명백하더라도 헌법과 법률에 의해 진술을 거부할 수 있다. 그런데 검찰이 타건 수사를 통해 확보한 증거를 내세워 본건에 관해 검찰에 유리한 진술을 하라고 요구하면 안 된다. 특히 이에 불응하면 피의자의 회사를 망가뜨리거나 가족들까지 구속하겠다고 피의자를 협박하는 것은 형사상 불리한 진술을 강요하는 것이다. 피의자의 인간으로서의 존엄과 가치를 부정하는 것이고 형사소송법에 반하는 불법 수사다. 검찰이 타건 압박 수사를 통해 피의자로부터 진술을 받는다면 이는 수사 기관이 직권을 남용해 진술 거부권 행사를 방해한 것으로서 직권 남용죄에 해당한다고 할 수 있다.

형법 제125조는 공무원의 가혹 행위를 금지하고 있다. 대법원은 가혹 행위의 의미를 "직권을 남용해 사람으로서는 견디기 어려운 정신적·육체적 고통을 가하는 경우"라고 정의했다. 또 "가혹한 행위에 해당하는지 여부는 행위자 및 피해자의 지위, 처한 상황, 그 행위의 목적, 그 행위에 이르게 된 경위와 결과 등 구체적 사정을 검토해 판단해야 한다"라고 판시한

바 있다.[27] 대법원 판례와 앞에서 소개한 사례를 종합하면 타건 압박 수사는 피의자에게 견디기 어려운 심리적·정신적 고통을 가하는 것이라 할 수 있다. 결국 검찰이 형사 피의자 등에게 가혹 행위를 하는 것이기 때문에 명백한 불법이고 범죄다.

타건 압박 수사는 민사상으로도 불법 행위에 해당한다. 민법 제750조를 보면 "고의 또는 과실로 인한 위법 행위로 타인에게 손해를 가한 자는 그 손해를 배상할 책임이 있다"라고 규정하고 있다. 타건 압박 수사를 행한 수사 관계자는 당연히 고의 또는 중과실이 있다고 할 수 있다. 타건 압박 수사가 헌법과 법률에 위반하는 불법적인 수사 행태 또는 수사 방법인 이상 당연히 위법 행위다. 따라서 피의자 등은 정신적인 손해는 물론 재산상의 손해도 입은 것이므로 국가만이 아니라 수사 관계자 개인도 손해 배상 책임을 지게 된다.

현재 법무부에서 시행 중인 인권보호수사준칙 제3조는 '가혹 행위 등의 금지'에 관해 규정하고 있다.[28] 그렇지만 제3조는 조문 자체가 잘못됐다. 우선 금지의 대상을 '고문 등 가혹 행위'라고 규정해 검사들에게 '신체적으로 고문만 하지 않으면 무엇이든지 괜찮다'라는 잘못된 인식을 심어 줄 우려가 있다. 금지되는 대상인 가혹 행위가 무엇인지 명확하게 규정하지 않은 것이다. 또한 가혹 행위에 따른 책임을 진술의 증거 능력 문제에만 연결한 탓에 검사를 비롯한 수사 관계자들이 가혹 행위가 형사상 범죄이고 민사상 불법 행위에 해당한 다는 사실을 간과하게 만들었다. 타건 압박 수사는 가혹 행위에 해당하고 범죄이며 불법 행위이므로 엄격하게 금지돼 있음을 밝히는 방향으로 조문을 수정해야 한다.

수사는 '잘'하는 것보다 '바로' 하는 것이 중요하다. 수사 결과에 연연하지 말고 수사 과정에서 인권을 옹호하고 적법 절차를 준수하는 데 신경을 써야 한다. 물론 수사를 하다 보면 성과를 내고 싶어진다. 여론의 반향을 일으킬 정도로 큰 사건이라면 검사 자신의 명예가 달린 문제이기에 더 욕심이 날 것이다. 그렇지만 검찰은 범죄를 규명해 처벌하는 것이 존재의 목적이다. 범죄를 규명한답시고 자기 자신이 또 다른 범죄를 저질러서는 안 된다. 아무리 목적이 좋아도 수단과 방법이 옳지 않다면 허용될 수 없다.

수사 과정에서의 물리적·신체적 고문은 이제는 많이 사라진 것 같다. 반면 타건 압박 수사와 같이 피의자를 심리적·정신적으로 압박하는 사례는 물리적 고문을 대신하는 수사 방법이라는 구실로 점점 더 많아지는 것 같다. 사람을 때리고 고문하는 육체적인 고통이 아니라고 해서 괜찮은 것은 아니다. 육체적으로 고통을 가하는 것이 고문으로서 금지되고 있다면, 타건 압박 수사는 피의자를 심리적·정신적으로 압박해 피의자에게 말할 수 없는 고통을 가하는 가혹 행위다. 압박을 견디지 못해 자살하는 사례가 연이어 발생하는 현실을 보더라도 이는 최악의 인명 살상적 수사 행태다. 헌법과 법률을 위반하는 불법 수사라고 할 수 있다.

검찰은 헌법과 법률에 따라 국민의 기본권을 보장하면서 적법한 범위 내에서 '바르게' 수사해야 한다. 타건 압박 수사와 같이 피의자 등 사건 관계인을 심리적·정신적으로 압박하는 수사 행태는 즉시 금지해야 한다.

공소권 남용론의 적극 적용

한국의 형사소송법은 국가 소추주의, 기소 독점주의 및 기소 재량주의(기소 편의주의)를 채택하고 있다. 그리고 행정부에 소속된 검사가 공소 제기의 권한을 갖지만 공소가 제기된 사건의 재판은 사법부에 소속된 판사가 담당하도록 하여, 권력 분립의 원칙에 입각해 권력 간 상호 견제와 균형을 도모하고 있다.

그런데 검사의 공소 제기가 형식적으로는 적법해 보이지만 실제로는 재량권을 벗어난 경우가 있다. 공소권 남용론은 이럴 때 법원이 실체에 대하여 판단을 하지 않고 형식 재판으로 공소를 기각해 사건을 조속히 종결해야 한다고 주장한다. 그것이 피고인의 권리를 보호하는 방법이라는 취지에서다. 검사가 공소권을 적정하게 행사하도록 법원이 통제하자는 뜻이다.

공소권 남용론은 법률상 근거 규정은 없이 이론으로만 제기됐다는 점에서 한계가 있다. 1980년대에 공소권 남용론의 논의가 활발해지며 대체로 이를 수용하는 입장이 학계의 지배적인 분위기였다. 비록 명문화된 근거 규정은 없더라도 현행법의 한계를 넘어선 잘못된 공소권 행사를 통제할 필요가 있는 것은 사실이다. 공소권 남용론을 적극적으로 받아들이는 것이 옳다고 본다.

　　법률상 근거 규정이 없다는 이유로 공소권 남용론을 부정하는 학설도 있다. 법원에서 공소를 기각하며 인용하는 형사소송법 제327조 제2호[29]가 공소권 남용론에서 말하는 공소 기각의 명백한 근거 규정은 될 수 없다는 것이다. 따라서 검사가 공소권을 남용했더라도 법원은 공소를 기각하지 말고 실체에 대한 판단을 통해 유무죄 판결을 선고해야 한다고 주장한다.

　　공소권 남용론에 대한 긍정설과 부정설의 대립은 공소권 남용 이론에서 논의되고 있는 여러 유형의 문제에 대해 서로 다른 해답을 제시한다.

　　첫째로 범죄의 혐의를 입증할 만한 객관적 증거가 전혀 없음에도 검사가 공소를 제기한 경우가 있다. 긍정설은 형사소송법 제328조 제1항 제4호의 "공소장에 기재된 사실이 진실하다 하더라도 범죄가 될 만한 사실이 포함되지 아니하는 때"에 해당한다는 이유로 공소 기각 결정을 해야 한다고 주장한다. 부정설은 형사소송법 제326조의 면소 판결 사유나 제327조 내지 제328조의 공소 기각 사유에 해당하지 않으므로 실체적 심리를 진행해야 한다고 주장한다. 다만 부정설에서는 형사소송법 제325조의 "피고 사건이 범죄로 되지 않거나 범죄 사실을 증명할 수 없는 때는 판결로써 무죄를 선고해야 한다"는 규정에 따라 무죄 판결을 선고해야 한다는 입장이다. 일단 검사가 공소를 제기한 사건에 대해서는 실체 재판을 하는 것이 피고인에게 더 가치 있는 방안이라는 의미에서다.

둘째로 기소 유예 처분을 해야 마땅한 사건을 검사가 재량을 남용해 공소를 제기한 경우가 있다. 긍정설은 검사의 공소 제기 권한은 검사의 재량에 속하지만 법이 허용하는 범위를 벗어난 공소 제기는 위법하므로 공소를 기각해야 한다고 주장한다. 부정설은 검사의 기소 유예 처분은 검사의 고유한 재량 행위이기 때문에 법원이 이를 행사할 수는 없다고 본다. 검사의 공소 제기는 유효하며 범죄 증거가 충분하면 유죄 판결이 선고돼야 한다고 주장한다.

셋째로 검사가 여러 명의 피의자를 불합리하게 차별해 일부는 기소하고 나머지는 불기소 처분하는 경우가 있다. 긍정설은 검사의 자의적이고 차별적인 공소 제기는 헌법 제11조[30]에 명시된 평등 원칙에 반하는 것으로 무효라고 주장한다. 부정설은 공소 제기 여부는 검사의 재량 행위에 해당하므로 검사의 차별적 기소가 불합리해도 재판을 통해 실체 판단을 해야 한다는 입장이다. 또는 차별적 공소 제기가 공소 기각의 사유가 되려면 불기소된 내용까지 법원의 심판 대상에 포함시키게 되므로 문제라고 보는 시각도 있다. 검사의 공소 제기가 없는 사건은 법원이 심판할 수 없다는 형사 소송의 원칙을 어기는 결과라는 것이다.

넷째는 검사가 피의자를 수사해 여러 가지 범죄 사실을 찾아냈으나 그중 일부만을 기소해 판결이 선고된 후에 누락된 다른 범죄 사실을 추가로 기소한 경우가 있다.[31] 긍정설은 판결 선고 이후 누락된 사건을 추가 기소하는 것은 사건을 합쳐 병합 심리로 재판을 받는 등의 피고인의 권리를 침해하는 것이므로 공소를 기각해야 한다고 주장한다. 특히 검사가 범죄 사실 전부를 알면서도 일부 범죄 사실을 기소 대상에서 누락했다면 누락된 부분엔 검사의 의도가 담긴 것이기 때문에 문제라고 보는 것이 긍정설의 시각이다. 반면 부정설은 검사에게 동시同時 소추 의무가 있다고 할 수 없고, 여러 개의 사건 중에서 누락된 일부 사실을 나중에 추가로 기소한다고 해서 공소권 행사가 부당하다고 할 수 없다고 주장한다.

학계에서는 공소권 남용 이론이 나온 후 긍정설이 통설이지만 공소권 남용을 적용할 만한 명문의 근거 규정을 찾기 어렵다는 한계는 여전하다. 실무상으로도 법원에서, 특히 대법원에서 공소권 남용 이론을 적용해 공소를 기각한 사례가 많지 않다. 일단 공소가 제기되면 법원은 자신의 역할을 공소권 남용 여부에 대한 판단이 아니라 공소 사실의 진위 여부에 대한 판단으로 인식하는 것이 현실이다.

공소권 남용론 관련 판례

(1) 서울시 공무원 간첩 사건 : 사정의 변경이 없음에도 불구하고 기소 유예 처분을 했던 사건을 취소하고 추가 기소한 사안에 대한 판례(서울고법 2016. 9. 1. 선고 2015노2312 판결)

　　탈북자인 유우성 씨는 2007년 2월경부터 2009년 8월경까지 중국에 있는 외당숙(이른바 '연길 삼촌')과 함께 북한으로 송금을 원하는 사람들을 상대로 일종의 브로커 역할을 했다. 유 씨는 송금을 원하는 사람들의 돈을 일단 본인 명의의 계좌로 받은 뒤, 연길 삼촌이 지정하는 계좌로 재송금하는 방식을 이용했다. 유 씨는 26억 원을 총 1600회 북한으로 환치기하는 과정에 관여해 외국환거래법을 위반했다는 혐의를 받았다. 서울동부지방검찰청은 가담 정도가 낮다는 이유로 2010년 3월 유 씨에게 기소 유예 처분을 내렸다.

　　그러나 이후 유 씨는 연길 삼촌과 북한에 있는 아버지 등과 연계해 탈북자들의 부탁을 받고 북한으로 밀입국해 가족들에게 금품을 전달하고 중개 수수료를 받았다는 혐의로 다시 조사를 받았다. 검찰은 2013년 3월 국가보안법위반(간첩) 및 북한이탈주민의 보호 및 정착지원에 관한 법률 위반 혐의로 유 씨를 구속 기소했다. 이 사건은 유 씨가 서울시에서 계약직 공무원으로 재직하던 중에 발생해 언론에서 '서울시 공무원 간첩 사건'이라고 불렀다. 유 씨는 오세훈 시장 시절에 특채됐지만 사건이 불거진 것은 박원순 시장 재임 때였다. 야당에선 이 사건이 국가정보원에 의해 조작된 것이라고 주장하기도 했다. 1심은 국가보안법 위반 혐의는 무죄, 북한이탈주민 보호 및 정착지원에 관한 법률 위반에 대해서는 유죄를 인정해 유 씨에게 징역 1년에 집행 유예 2년을 선고했다. 항소심에서 피고인을 조사한 국정원 직원들이 중국을 통해 북한으로 들어갔다는 유 씨의 북한 출입 기록을 위조해 법원에 제출한 것이 밝혀졌다. 해당 사건에 연루된 국정원 직원들은 구속됐고 공판에 관여한 검사들도 징계를 받았다.

　　재판 진행 과정에서 북한민주화청년학생포럼의 대표가 서울중앙지방검찰청에 유 씨를 업무 방해와 외국환거래법 위반 등의 혐의로 고발했다. 이 사건을 배당받은 검사는 동부지검에 이미 기소 유예 처분된 외국환거래법 위반 사건을 재기(불기소 처분을 취소)해 이송해 달라고 요청했다. 중앙지검은 유 씨의 외국환거래법 위반 혐의는 물론, 유 씨가 재북 화교 출신인데도 탈북자로 가장해 서울시 공무원으로 채용됐다며 위계에 의한 공무 집행 방해 혐의를 더해 기소했다.

1심은 국민참여재판으로 진행됐다. 배심원들은 외국환 거래법 위반 혐의가 제기된 것에 대해 다수결로 "공소권이 남용됐다"고 평결했다. 그러나 재판부는 유 씨의 유죄를 인정해 벌금 1000만 원을 선고했다. 하지만 항소심인 서울고등법원은 검사의 공소권 남용을 인정했다. 서울고법이 외국환거래법 위반 부분이 공소권 남용에 해당한다고 판시한 내용을 정리하면 아래와 같다.

> 종전에 기소 유예 처분을 받았던 범죄 사실과 이번에 기소된 범죄 사실은 약간의 차이만 있다. 피고인은 기소 유예 처분을 받은 후 다시 동종 범행을 저지르지 않았다. 초범이고 가담 내용이 경미한 데다 반성하고 있으며 경위 역시 참작할 만하다. 따라서 검사가 종전 사건에서 기소 유예 처분을 했음에도 이를 번복해 기소할 만한 사정의 변경이 있었다고 보기 어렵다.[32] 현재 사건은 종전 사건에 대한 기소 유예 처분이 있었던 2010년 3월경으로부터 만 4년이 경과한 2014년 5월경에 공소가 제기됐다. 그 사이 피고인에 대한 국가보안법 위반 사건에 있어 국정원 직원들이 조작한 증거가 제출됐다가 위조임이 밝혀졌다. 그로 인해 국정원 직원들이 구속됐고 피고인의 혐의는 무죄가 선고됐으며 공판 관여 검사들이 증거 위조와 관련

해 징계를 받는 사건이 발생했다.

결국 검사가 현재 사건을 기소한 것은 통상적이거나 적정한 소추 재량권의 행사라고 보기 어렵고 어떠한 의도가 있었다고 보인다. 이는 공소권을 자의적으로 행사한 것으로 위법한 것이며 이로 인해 피고인이 실질적인 불이익을 받았음이 명백한 이상 현재 사건에 대한 기소는 소추 재량권을 벗어난 것으로 인정된다. 따라서 외국환거래법 위반 혐의에 대한 공소 제기는 그 절차가 규정에 위반돼 무효에 해당한다.

서울고법의 판결은 매우 의미가 있다. 결과적으로 1심에서 국민들이 참여하여 구성된 배심원이 다수결로 공소권 남용이라고 평결한 것이 옳다고 인정된 셈이기 때문이다. 일반 시민도 충분히 합리적이고 이성적 판단을 할 수 있음을 보여준 사례다. 현재 이 사건은 대법원에 계류 중이다.

(2) 누락된 위조 인감 증명서 : 항소심 판결이 선고된 후 누락된 사건에 대해 검사가 추가로 공소를 제기한 사안에서 공소권이 남용됐는지 여부에 관한 판례(부산고등법원 1994. 9. 7. 선고 93노1497 판결, 대법원 1996. 2. 13. 선고 94도2658 판결)

A씨를 비롯한 피고인들은 군 현역 복무 확인서와 다른 사람의 인감 증명서 등을 위조해 보증 보험 증권을 발급받은

후 보험 회사를 상대로 신용 대출금 4000만 원을 받아 냈다. 피고인들은 범행을 모두 자백했으나 검사는 인감 증명서 위조 부분을 누락한 채 사기죄 등으로 이들을 기소해 1심에서는 징역 1년 6월, 2심에서는 징역 1년이 선고됐다. 그런데 인감 증명서 위조에 대한 동사무소의 뒤늦은 고발로 추가 수사가 진행됐다. 2심 판결 이후 별도로 인감 증명서 위조 사건의 공소가 제기돼 다시 1심에서 징역 6개월이 선고됐다.

그런데 인감 증명서 위조 사건의 2심인 부산고등법원은 추가 기소가 공소권 남용에 해당한다며 공소 기각이라고 판결했다. 법원은 "검사가 피고인의 범죄 행위 중 일부(인감 증명서 위조 사실)를 기소 대상에서 누락시켰다가 뒤늦게 다시 공소를 제기함으로써 결과적으로 피고인이 동시에 재판을 받지 못해 두 번의 실형을 선고받도록 하는 것은 공소권을 남용한 경우에 해당한다"라고 판시했다.

한국 사법사상 최초로 법원이 검사의 공소권 남용을 인정해 공소를 기각한 획기적인 판결이었다. 그러나 대법원은 "검사가 수사할 당시 이 사건 범죄 사실이 확인된 경우 이를 입건해 관련 사건과 함께 기소하는 것이 맞다"면서도 "피고인이 관련 사건과 병합해 재판을 받지 못하게 되는 불이익을 받았다고는 하나, 검사가 항소심 판결 선고 이후에 이 사건 공소를 제기한 것이 검사의 태만 내지 위법한 부작위에 의한 것으로 인정되지 않는다"라는 이유로 원심 판결을 파기 환송했다.

　　이 사건에 대한 대법원의 입장은 문제가 있다고 생각한다. 검사가 수사 과정에서 밝혀진 일부 행위를 기소 대상에서 누락한 것은 그 자체로 태만한 것이라고 봐야 한다. 인감 증명서 위조는 반드시 동사무소의 고발이 필요한 것이 아니기 때문이다. 따라서 이미 공소를 제기한 뒤 인감 증명서 위조 행위를 추가 기소한 것은 공소권을 자의적으로 행사한 것이다. 하급심에서 공소권 남용 이론을 적극적으로 적용해 검사의 공소를 기각했는데도 대법원은 오히려 이보다 후퇴한 판결을 내린 것이다.

(3) '사법 소극주의'의 한계 : 선행 사건에 대한 공소가 제기된 후 후행 사건에 대한 공소가 추가로 제기된 사안에 있어 공소권이 남용됐는지 여부에 관한 판례(대구지방법원 의성지원 1998. 11. 7. 선고 98고단200 판결, 대구지방법원 1999. 1. 14. 선고 98노3819 판결, 대법원 1999. 12. 10. 선고 99도577 판결)

　　B씨는 수회에 걸친 상습 절도 행위(선행 사실)로 구속 기소돼 1심에서 징역 1년 6월 및 보호 감호를 선고받았다. 그 사이에 가스 분사기 소지 행위(후행 사실)가 추가로 입건돼 사건이 검찰로 송치됐다. 그런데 검사는 기소를 미루다가 선행 사실에 대한 판결이 확정되고 나서야 후행 사실에 대해 피의

자 신문 조서를 작성한 후 공소를 제기했다.

검사의 공소 제기에 대해 1심은 "B씨는 자신이 저지른 일련의 범죄 행위에 대해서는 동시에 재판을 받을 정당한 이익이 있다"며 "일련의 범죄 행위 중 일부 범죄 행위로 이미 구속 기소된 B씨에 대한 나머지 범죄 행위를 추가 기소하는 것은 특별한 사정이 없는 한 B씨의 신속한 재판을 받을 권리를 침해하는 것으로서 공소권 남용에 해당한다"고 판결을 내렸다. 검찰은 항소했으나 2심 역시 1심과 마찬가지 이유로 항소를 기각했다.

그러나 대법원은 "자의적인 공소권의 행사는 단순히 직무상의 과실에 의한 것만으로는 부족하고 적어도 미필적으로나마 어떤 의도가 있어야 한다"라며 "검사가 구속 영장 기재의 범죄 사실(선행 사건)로 B씨를 신문할 당시 B씨가 여죄의 사실(후행 사건)도 자백했으나 경찰에서 뒤늦게 따로 송치한 관계로 선행 사건의 기소 당시 후행 사건은 검찰에 송치되기 전이었고, 불구속으로 송치된 후행 사건에 대해 검사가 1회 피의자 신문을 할 당시 선행 사건의 유죄 판결이 의외로 빨리 확정된 경우엔 검사의 후행 사건에 대한 기소는 공소권 남용에 해당하지 않는다"며 사건을 파기 환송했다.

이 사건 역시 공소권 남용론에 대한 대법원의 소극적 태도가 드러난 사례다. 대법원은 이 판결로 공소권 남용으로 인정될 수 있는 범위를 매우 좁혀 버렸다. 대법원이 검찰과의 마찰을 피하기 위해 '사법 소극주의'에 입각해 있기 때문이라는 비판도 제기됐다.

(4) 두 번 잡힌 무면허 운전자 : 선행 사건에 대한 판결이 확정돼 형의 집행을 받던 중 가석방됐는데 선행 사건과 밀접한 관계에 있는 다른 범죄 사실에 대해 추가로 기소된 사안에 대한 판례(대법원 2001. 9. 7. 선고 2001도3026 판결)

　　차량 절도 및 무면허 운전으로 지명 수배가 되었던 C씨가 또다시 무면허 운전을 하고 다니다가 안산경찰서에 검거됐다. 안산서는 C씨를 이미 지명 수배했던 고양경찰서에 그의 신병을 인계하지 않고 구속한 후 수원지방검찰청에 사건을 송치했다. 수원지검은 안산에서의 무면허 운전에 대해서만 공소를 제기했고 1심에서 징역 6월이 선고됐다. C씨는 항소하지 않고 수원교도소에서 징역형을 복역하다 가석방으로 출소했다.

　　그런데 수원경찰서 경찰관들이 C씨가 출소하는 날 다시 긴급 체포해 고양경찰서로 신병을 인계했다. 고양서는 의정부지원에 구속 영장을 신청했으나 "수원지검 검사가 C씨를 구속 기소하면서 이 사건에 대해서는 아무런 조치를 취하지 않다가 징역형을 복역하고 출소하는 날 절도 등 혐의로 긴급 체포한 것은 가혹하고 수사권 남용의 여지가 있다"는 이유로 판사에 의해 영장이 기각됐다. C씨는 불구속 기소돼 1심 및 2심에서 징역 6월을 선고받았다.

대법원의 판단은 달랐다. 대법원은 "이번 무면허 운전이 종전 사건에서 확정 판결을 선고받은 범죄 사실에 포함됐다"는 이유로 '면소' 판결을 선고함이 타당하다고 봤다. 절도 혐의에 대해서도 "종전 사건을 수사한 수원지검 검사나 이번 사건을 수사한 의정부지청 검사에게 두 사건을 신속하게 병합시키지 못한 잘못이 있다"며 "이번 추가 기소는 사건을 함께 재판받을 이익을 박탈함으로써 피고인의 권리나 이익을 침해해 공소권 남용의 여지가 있다"고 판시하며 원심을 파기 환송했다.

이 사건의 대법원 판결은 다른 판례들과 달리 대법원이 공소권 남용을 적극 인정하고 있다는 차원에서 의미가 있다. 특히 하급심에서 검사의 공소권 남용을 인정하지 않았음에도 대법원에서 직접 공소권 남용을 인정했다는 점에서 매우 이례적이라고 할 수 있다.

검찰시민위원회 제도의 법제화 필요성

검찰시민위원회는 검사의 기소 또는 불기소 처분의 옳고 그름을 심의하는 기구다. 검찰시민위원회는 법률에 근거해 설치된 것이 아니라 대검 예규인 '검찰시민위원회 운영지침'에 근거해 설치됐다는 점에서 아직은 임의 기구라고 할 수 있다.

검찰시민위원회는 이른바 '스폰서 검사' 사건[33]으로 야기된 검찰에 대한 불신을 극복하기 위해 검찰 개혁 방안 중의 하나로 제시된 것이다. 각 지역 시민들로 구성되는 검찰시민위원회가 중요 사건에 대해 기소 또는 불기소 처분이 적절한지를 심의하는 제도다. 그동안 검찰의 수사 과정에서 시민이 직접 참여할 수 있는 제도가 거의 없었다는 점에서 검찰이 검찰시민위원회를 신설한 것은 의미 있는 진전이었다.

원래는 검찰시민위원회를 두는 검찰청의 범위가 지방검찰청과 지청으로 돼 있었으나 2013년 5월 22일 지침 개정으로 전국 5개 고등검찰청에도 검찰시민위원회를 별도로 설치하게 됐다. 기존에 전국 지방검찰청 및 지청에 설치된 검찰시민위원회 59개를 더해 총 64개의 검찰시민위원회가 운영 중에 있다. 모두 1092명의 검찰시민위원이 활동하고 있다.

검찰시민위원회는 검사의 공소 제기, 불기소 처분, 구속취소, 구속 영장 청구 및 재청구 등의 의사 결정 과정에 시민의 의견을 반영하기 위해 만들어졌다. 수사의 공정성과 투명성을 제고하고 국민의 인권을 보장하기 위한 것이다. 위원회의 심의 대상 사건에는 고위 공직자의 금품·향응 수수, 불법 정치 자금 수수, 권력형 비리, 지역 토착 비리 등 부정부패 사건이 있다. 피해자가 불특정 다수인 사기·횡령·배임 등 금융·경제 범죄 사건, 조직폭력, 마약, 살인, 성폭력 등 중요 강력 사건도 해당된다. 또 기타 각급 청의 장이 위원회의 심의가 필요하다고 판단해 지정하는 사건도 심의 대상이다. 검사는 구속 취소나 구속 영장 청구 및 재청구의 적정성과 관련해 필요하다고 판단되는 때에는 검찰시민위원회에 심의를 요청할 수 있다.

검사는 검찰시민위원회에 심의를 요청하기 전에 소속 검사장이나 지청장에게 보고해야 한다. 객관적이고도 충분한 증거나 자료를 바탕으로 심의 대상 사건의 '사건 설명서'를 작성해 위원들에게도 교부한다. 사건 관계인의 사생활이 침해되지 않도록 인적 사항을 공개하지 않는 등 필요한 조치를 취해야 한다.

위원회는 위원장이 소집하고 사건을 심의하기 위해 위원 9명 이상의 출석이 필요하다. 위원회는 검사 또는 검찰 수사관, 전문가 등을 출석시켜 사건에 대한 설명이나 의견을 들을 수 있다. 검사가 스스로 위원회에 출석해 사건 설명이나 의견을 개진할 수도 있다. 이때 검사는 사실과 증거를 최대한 객관적으로 설명해야 한다. 위원회의 심의는 비공개로 진행하며 위원은 심의 과정에서 알게 된 비밀을 외부에 공개하거나 누설해서는 안 된다.

위원회에서는 충분한 논의를 통해 일치된 의견이 도출될 수 있도록 하되, 의견 일치를 보지 못한 경우 출석 위원 과반수의 찬성으로 의결한다. 심의의 공정성을 확보하기 위해 심의 전에는 심의 대상 사건의 내용을 공개하지 않는다. 위원은 사건 관계인과 친분이나 이해관계가 있어 심의의 공정성에 영향을 미칠 수 있다고 판단되는 경우 스스로 심의를 회피해야 한다. 위원장은 회피 신청이나 기피 신청이 합리적일 경우 이를 허가해야 한다.

위원회는 심의가 종료되면 심의 의견서를 작성한다. 심의 의견란에는 심의 대상에 대한 판단 결과를 기재한다. 위원회의 의결과 다른 의견을 가진 위원은 본인의 의견과 그 이유를 기재한 서면을 심의 의견서 뒤에 첨부할 수 있다. 검사는 심의 결과를 지체 없이 소속 검사장이나 지청장에게 보고해야 한다. 특별한 사정이 없는 한 심의 의견서 사본을 기록에 첨부하고, 위원회의 요청이 있거나 필요하다고 판단되는 경우 위원의 이름을 가리는 등의 조치를 취해야 한다.

검사는 공소 제기, 불기소 처분, 구속 취소, 구속 영장 청구 및 재청구 여부를 결정할 때 위원회의 의견을 최대한 존중해야 한다. 위원회의 의견이 검사의 결정보다 상위에 있지는 않다. 다만 검사가 위원회의 의견과 다른 결정을 할 때는 서면 또는 구두로 심의에 참여한 위원들에게 이유를 고지해야 한다. 이와 같이 대검 예규에 의거해 검찰시민위원회가 설치된 후 대검 예규가 아니라 법률에 근거한 위원회를 설치하자는 주장이 나왔다. 2011년 기소 심사에 관한 법률안(의안 번호 1809792)과 검찰시민위원회 설치 및 운영에 관한 법률안(의안 번호 1813013)이 국회에 제출됐으나 회기 종료 전까지 처리되지 않아 2012년 자동 폐기됐다. 2016년 9월 검찰 개혁 방안 중의 하나로 검찰시민위원회 설치 및 운영 등에 관한 법률안(의안 번호 2002169)이 다시 제출됐다.

검찰시민위원회의 심의 대상은 검사의 불기소 처분에 국한되지 않고 공소 제기 및 구속 취소, 구속 영장 청구와 재청구에 관한 사항까지 포함된다. 검찰권 행사에 대해 사후적이 아니라 사전적으로 통제한다는 점, 폐쇄적으로 운영해 왔던 수사 및 기소 절차를 외부에 개방한다는 점은 높이 평가할 수 있다. 그러나 제도 자체만으로 검찰 수사 및 공소권 행사의 공정성을 담보하기에는 불완전하다.

한국의 검찰시민위원회는 검찰이 직접 위원회의 시민 위원을 선정한다. 견제의 대상인 검찰이 자신을 견제할 주체를 직접 뽑는 방식이다. 위원회 제도의 근본적인 한계가 여기에 있다. 검찰에서 선정하는 시민위원들이 검찰에 쓴소리를 하리라 기대하기는 어렵다. 친親검찰 인사로만 위원회를 구성한다면 공정성과 객관성을 담보할 수 없다. 검찰이 원하는 대로 답하고 검찰이 요청하는 대로 호응하는 일종의 어용御用 기구가 될 우려가 크다.

검찰시민위원회의 심의가 검사의 요청이 있는 경우에만 수동적으로 이뤄진다는 점도 문제다. 아무리 사회적으로 많은 의혹이 제기되고 있는 사건이라도 검찰이 먼저 위원회의 심의에 넘기지 않는 이상 위원회의 심의가 진행될 수 없다는 제도적인 한계가 있다.

검찰시민위원회의 심의 결과에 법적 구속력이 없는 것도 문제다. 위원회 설치 근거인 대검 예규를 보면 지침 제10조에서 "위원회의 판단에 기속력을 인정하지 않는다"고 규정하고 있다. 검사가 위원회의 심의 결과에 따르지 않더라도 이에 대한 통제 수단이 없는 것이다. 위원회 활동의 실효성에 의문을 제기할 수 있는 부분이며 제도 자체의 존립을 위태롭게 할 수 있다. 아울러 검찰시민위원회가 스스로 자료를 수집·조사할 수 없어 검사가 제공한 자료에만 일방적으로 의존하는 점도 한계다.

검찰시민위원회 제도는 스폰서 검사 사건으로 닥친 검찰의 위기 상황을 모면하고자 급조된 측면이 있다. 다만 이 제도를 통해 검찰의 수사권 및 공소권 행사가 시민에게 개방되고 시민이 검찰의 공소권 행사 과정에 참여할 수 있게 됐다는 점은 큰 의미가 있다. 앞으로 시민의 참여가 실질적이고 효과적으로 이루어질 수 있는 방향으로 위원회 제도를 개선해야 한다.

가장 중요한 것은 검찰시민위원회의 민주적 구성이다. 지금처럼 검찰에서 위원회 구성을 최종 결정하면 민주적인 구성으로 볼 수 없고 한계도 명확하다. 미국의 대배심이나 일본의 검찰심사회와 마찬가지로 선거인단 중에서 임의로, 무작위로 추출해 검찰시민위원을 선발하면 위원들의 공정성과 객관성을 확보할 수 있을 것이다.

검찰시민위원회의 심의도 검사 또는 사건 관계인의 요청·신청이 있거나 일정 인원 이상의 시민위원들의 요청이 있으면 직권으로 심의가 개시될 수 있도록 해야 한다. 이런 방식으로 개선하면 위원회 심의의 활성화를 도모할 수 있을 것이다.

특별한 요건과 절차를 거친 검찰시민위원회의 심의 결과에 기속력을 부여해 위원회 활동의 실효성을 확보하도록 해야 한다. 위원회 심의 결과에 기속력이 없으면 시민의 참여가 형식에 그칠 수 있다.

또한 검찰시민위원회가 스스로 자료를 수집·조사할 수 있게 해야 한다. 법률 지식 등을 보완하기 위해 법률 전문가가 필요한 경우 위원회 차원에서 독립적 지위의 보조 인력을 확보할 수 있도록 해서 위원회 활동의 독립성을 보장해야 한다.

무엇보다 현재 대검 예규를 근거로 설치된 임의 기구
인 검찰시민위원회를 법률을 제정해 법률적 근거를 가진 기
구로 격상할 필요가 있다. 위원회가 법적 기구가 된다면 지금
내포하고 있는 문제점이나 한계가 해결될 수 있는 방안도 다
양하게 생겨날 것이다.

　　미국의 대배심 제도와 같이 피의자의 신청이 있을 때 또
는 위원회의 직권으로 검사의 기소에 대해 타당성 여부를 심의
하는 방안도 도입할 필요가 있다. 일본의 검찰심사회 제도와
같이 검사의 불기소 처분에 대해서도 항고를 제기한 고소인의
신청이 있을 때 또는 위원회 직권으로 검사의 불기소 처분에
대해 타당성 여부를 심의하도록 하는 방안을 도입해야 한다.[34]

　　미국의 대배심 제도와 일본의 검찰심사회 제도를 검찰
시민위원회 제도와 별도로 도입하자는 얘기가 아니다. 미국
의 대배심 제도와 일본의 검찰심사회 제도의 좋은 취지를 받
아들여 위원회 활동에 도움이 될 수 있게 하자는 뜻이다. 두 나
라의 제도를 우리 실정에 맞게 접목시키고 발전시켜야 한다.

미국의 대배심 제도

미국은 기소 여부를 배심원이 결정하는 대배심grand jury 제도
를 채택하고 있다. 미국 수정 헌법 제5조는 "누구라도 대배
심에 의한 고발 또는 기소가 있지 않은 한 사형에 처해질 만

한 범죄 또는 중범죄로 재판받지 않는다"라고 규정하고 있다. 미국 연방 대법원은 대배심의 전통적인 역할을 "국가의 임의적이고 강압적인 공권력 행사로부터 시민을 보호하는 제도"라고 설명한다. 대배심에서 기소를 결정한 사건의 유무죄 평결과 양형 의견은 소배심trial jury이 내린다. 대배심은 '기소 배심', 소배심은 '심리 배심'이라고도 한다. 이 책은 검찰권 남용의 통제 방안을 다루고 있어 대배심을 중심으로 미국의 배심 제도를 살펴본다.

미국의 대배심 제도는 식민지 시대인 1635년 매사추세츠 주에서 최초로 시행됐다. 이후 독립 전쟁 때 영국의 강권 통치와 사법 제도 장악을 감시하고 견제하는 역할을 대배심이 담당했다. 1791년 수정 헌법 제5조에 대배심에 의한 소추를 국민 기본권 중 하나로 명문화하면서 배심원들의 활동이 세간의 주목을 받게 되었다.

19세기에 이르면서 대배심 제도는 큰 변화를 맞게 된다. 대배심에 의한 기소는 절차가 번거롭고 재판이 지연되며 고비용에 대표성마저 의심된다는 비판이 제기되었기 때문이다. 미국 연방은 대배심 제도를 유지했지만 1859년 미시간 주를 필두로 서부의 여러 주들이 검사의 공소장information만으로 기소할 수 있도록 제도를 변경했다. 1850년에서 1865년까지 미시간, 인디애나, 캔자스, 오리건 주의 헌법 의회는 주州 헌법에서 대배심 보장 조항을 삭제해 주 의회가 대배심 심사를 없앨 수 있도록 허용했다. 1870년대 들어서는 서부와 중서부를 중심으로 대배심 제도의 개혁 논의가 공론화되었다. 위스콘신, 일리노이, 네브래스카, 콜로라도 주가 이런 흐름에 합류했다. 캘리포니아 주는 1879년 주 헌법에 "치안 판사의 예비 심문을 거친 피고인은 대배심 절차를 거치지 않고 검사의 공소장만으로 소추될 수 있다"고 규정했다.

1884년 연방 대법원은 형사 사건의 기소에 대배심 절차가 반드시 필요한 것은 아니라고 선언하기에 이른다. 그러자 각 주들은 보다 적극적으로 대배심의 존치 여부를 검토했다. 1889년 아이다호, 몬테나, 워싱턴, 노스다코타, 사우스다코타, 와이오밍 주에서 대배심을 받을 권리가 주 헌법에서 사라졌고, 1897년 유타 주는 검사의 공소장만으로 기소할 수 있도록 형사 소추 제도를 변경했다.

한편 알래스카, 미시시피, 뉴햄프셔, 뉴저지, 뉴욕, 노스캐롤라이나, 오하이오, 사우스캐롤라이나, 테네시, 텍사스, 버지니아, 웨스트버지니아 주 등에서는 연방과 유사하게 법률 또는 헌법에 대배심 제도를 채택하고 있다. 2004년 기준으로 미국 50개 주에서 17개 주는 대배심 제도를, 33개 주는 검사에 의한 기소 제도를 채택하고 있다. 미국 연방과 독립 행정 구역인 워싱턴 D.C.는 대배심 제도를 운영하고 있다.

대배심은 16~23인의 배심원으로 구성되며 기소 결정을 내리려면 적어도 12표가 필요하다. 반면 소배심은 6~12인의 배심원으로 구성된다. 소배심에서 유죄 평결을 내리려면 만장일치 또는 가중 다수결이 필요하다. 대배심은 기소 여부의 판단과 함께 기소 여부를 결정하기 위한 수사 업무도 수행한다. 뿐만 아니라 주립 병원이나 교도소 등 관할 지역의 공공 기관을 감사하고 조사하는 권한도 지닌다. 대배심은 법적으로 '상당한 이유'가 있다면 배심 기소를 할 수 있고, 소배심은 '합리적 의심의 여지가 없는 증거'가 있어야만 유죄 평결을 한다. 대배심은 불법 행위에 대해 수사를 개시할 수 있으나 소배심은 수사 권한이 없다.

연방 대배심은 일반 대배심regular grand jury과 특별 대배심 special grand jury으로 구분된다. 일반 대배심은 연방 형사소송법에 절차와 내용이 규정돼 있다. 특별 대배심은 조직범죄에 대처하기 위한 특별법인 조직범죄 처벌법The Organized Crime Control Act에 별도로 규정돼 있다. 특별 대배심은 400만 명 이상이 거주하는 지역이나 조직범죄에 대한 특단의 대책이 필요하다고 판단되는 지역에 사법 장관 또는 부장관의 명령으로 설치된다.

대배심의 배심원들은 일정 기간 배심원으로 근무하면서 그 기간 동안의 모든 사건을 담당한다. 주와 연방 대배심의 대부분이 무작위 방식으로 배심원을 추첨한다. 하지만 무작위 선발 방식은 법원이 모든 지원자를 개별적으로 인터뷰해야 한다는 점에서 시간이 많이 소요된다. 텍사스 등 일부 주에서는 선정위원회에서 선발하는 방식을 채택했다. 법원 판사가 지역의 저명인사를 배심원 선정 위원으로 선발하거나 시민들 중에서 3~5명을 선발 위원으로 선임한 뒤 이들이 대배심원을 선발하는 방식이다.

대배심원을 선발할 때 배심원에게는 일정한 자격이 요구되지만 검사나 변호인에 의한 기피권 행사나 무조건적 기피는 인정되지 않는다. 또 예비 신문 절차(voir dire, 진실을 말한다는 뜻의 프랑스어)를 거치지도 않는다. 법원은 대배심원이 자격을 갖췄는지에 대해 간단히 신문할 수 있다. 배심원 선정 과정과 배심원의 적격 여부에 위법이 있었고, 이것이 대배심의 최종적인 평결 결과에 영향을 미쳤다면 공소 기각 사유가 될 수 있다. 그렇지만 자격을 갖추고 있는 대배심원의 수가 일정한 의결 정족수를 충족한다면 자격 미달자가 일부 있었다는 이유만으로 공소를 기각할 수는 없다.

연방 대배심원의 임기는 보통 18개월이다. 그 기간 동안 대배심에 회부되는 모든 사건을 심의한다. 사건마다 새로 구성돼 사건 종료와 함께 임기가 만료되는 소배심과는 차이가 있다. 하나의 사건만을 심리하는 소배심과 달리 대배심은 장기간 여러 사건의 수사와 공소 제기를 담당하기 때문에 특정 피의자나 증인과의 관련성은 크지 않다. 대배심원 선발 과정에선 검사나 변호인이 자기 측에 유리한 배심원들을 뽑으려고 신경전을 펼치는 상황이 거의 벌어지지 않는다.

대배심원과 소배심원의 선정에 대해 규정하고 있는 '배심원 선정 및 임무에 관한 법률The Jury Selection and Service Act of 1968'에 따르면 연방 대배심원은 해당 사법권 안에 1년 이상 거주한 18세 이상의 미국 시민권자여야 한다. 영어로 말할 수 있어야 하고 배심원 자격 서식을 작성할 수 있을 정도로 영어를 읽고 쓰며 이해할 수 있어야 한다. 배심원 임무를 수행할 수 없을 정도의 정신적·신체적 질환도 없어야 한다.

연방 대배심원은 임기를 시작하면서 선서를 한다. 통상 해당 법원에서 대배심원들을 상대로 의무와 책임에 관해 교육을 실시한다. 그리고 배심원 중에서 대표 배심원foreperson과 부대표 배심원deputy foreperson을 선정한다. 대표 배심원은 배심원단을 대표해 절차 진행, 평결 기록 등 행정적인 임무를 수행한다. 기소를 승인하는 경우 배심원단을 대표해 기소장에 서명한다. 연방 형사소송법에서 요구하는 16인 이상의 의사 정족수와 12명 이상의 의결 정족수가 충족되면 대배심에 의한 공소 제기가 가능하다.

대배심의 기능은 크게 두 가지로 나뉜다. 첫째, 검사가 범죄 혐의를 입증하기 위해 제출한 증거가 공소를 제기하기에 충분한지 심리한 뒤 기소 여부를 결정한다. 둘째, 법원의 승인을 거치지 않고 중요한 참고인을 소환하거나 증거를 확보할 수 있는 권한을 가진다.

연방 형사소송규칙을 보면 "중범죄 중에서 사형에 처해질 수 있는 사건은 대배심 절차를 통한 기소가 필수적이고 사형에 처해질 수 있는 사안이 아니라고 하더라도 1년을 초과하는 형에 처할 수 있는 범죄일 경우 피의자가 심리를 포기하지 않는 한 대배심의 대상이 된다"고 규정하고 있다. 가벼운 범죄에 있어 대배심의 심리 여부는 검사의 선택 사항이다. 연방 차원에서는 1년을 초과하는 구금형에 처해질 수 있는 범죄의 경우 피의자가 심리를 포기하지 않는 한 대배심을 통한 기소가 반드시 필요하다. 다만 법정 모독죄의 경우 대배심에 의한 기소가 필요하지 않다. 또한 처벌형이 벌금형일 수밖에 없는 사안에 대해서도 대배심에 의한 기소는 필수가 아니다.

수정 헌법 제5조는 "누구라도 대배심에 의한 고발 또는 기소가 있지 않은 한 사형에 처해질 만한 범죄 또는 중범죄로 재판받지 않는다"라고 규정하고 있다. 그러나 앞서 본 바와 같이 연방 헌법의 다른 조항들과는 달리 이 규정은 연방에만 적용되고 각 주에는 효력을 미치지 않는다. 그래서 대배심의 전통이 중시되는 중남부와 동부 지역의 주에서는 주 헌법 등에 연방 헌법과 유사한 규정을 두고 대배심을 비교적 적극적으로 활용하고 있다. 서부 지역에서는 대배심보다 검사에 의한 기소를 원칙으로 하고 있다.

대배심은 기소 여부를 결정하기 위해 수사를 진행할 수 있다. 수사를 위해 특정인에게 증인 소환장을 발부할 수 있다. 연방 형사소송법은 증거 제출 명령장에 대한 규정은 두고 있으나 증인 소환장의 발부 요건이나 심사에 관한 규정을 두고 있진 않다. 다만 실무상 증인 소환장은 소환 대상자 진술의 중요성과 무관하게 발부되고, 법원도 예외적인 경우가 아닌 한 증인 소환장의 발부 자체를 문제 삼지는 않는다.

대배심은 증인 소환장뿐 아니라 문서, 기록, 물건 등을 제출하도록 하는 증거 제출 명령장도 발부할 수 있다. 증거 제출 명령장은 수사 과정에서 증거를 수집하는 데 사용된다는 점에서 압수 수색 영장과 유사하다. 다만 특정인에게 범죄 혐의가 있다고 의심할 만한 이유가 있는지를 판단하기 위해 발부된다는 점에서 범죄 혐의가 있다고 의심할 만한 충분한 이유가 있어야 발부되는 압수 수색 영장과는 차이가 있다.

대배심으로부터 증인 소환장이나 증거 제출 명령장을 송달받은 사람은 법원에 이의를 신청할 수 있다. 이의 신청을 받은 법원은 대배심이 요청한 증인이나 물건, 서류가 수사 중인 사건과 관련성이 있는지 여부와 합리적으로 대상이 특정됐는지 여부 등을 심사한다. 이의 신청에 정당한 이유가 있다고 인정되면 증인 소환이나 증거 제출 명령의 효력을 부정하거나 내용을 수정할 수 있다. 대배심으로부터 증인 소환장이나 증거 제출 명령장을 송달받은 사람이 정당한 이유 없이 증언이나 증거 제출을 거부할 경우 검사는 법원에 이행 명령을 신청할 수 있다. 법원이 증인 소환이나 증거 제출을 이행하도록 명했음에도 불구하고 당사자가 거부한다면 민형사상 제재를 받을 수 있다. 소환된 사람이 대배심에서 증언하거나 요구된 증거 자료를 제출할 때까지 이행 강제금을 부과하거나 적절한 장소에 구금할 수 있다. 법정 모독죄나 사법 방해죄로 처벌할 수도 있다. 다만 형사적 제재는 민사적 형벌에 처해도 소환장의 내용을 이행하지 않는 경우에 부과된다.

대배심의 심리 절차는 대립 당사자 구조adversarial system가 아니라 일방적 구조ex parte다. 소배심의 심리 절차와는 다르게 증인을 신문하는 과정이나 증거를 조사하는 단계에서 피의자 변호인의 참여권이나 반대 심문권이 보장되지 않는다. 대배심의 심리에서는 혐의자의 유무죄를 결정하는 것이 아니라 기소에 요구되는 혐의의 유무를 판단하는 것이기 때문에 전문 증거의 제출이 허용된다.

대배심이 기소하기에 충분한 혐의가 있다고 판단해 기소 승인 결정을 하면 대표 배심원은 검사가 작성한 기소장에 서명한 후 법원에 송부한다. 대배심이 기소를 승인한 경우에도 최종적인 기소 여부 결정권은 검사에게 있다. 사정 변경이나 공범에 대한 기소 전략 등을 고려해 검사는 자기의 재량으로 기소하지 않을 수도 있다.

대배심이 기소하기에 적절하지 않다고 판단해 기소 불승인 결정을 하게 되면 대표 배심원은 이러한 결정이 기재된 서면을 법원에 제출한다. 기소 불승인의 경우 동일한 대배심을 통한 기소는 불가능하지만 검사는 재량에 따라 다른 대배심을 통해 기소를 재추진할 수 있다. 다른 대배심에서도 검사의 기소안을 거부하면 거부 취지가 기재된 서면이 법원에 제출된다.

원칙적으로 법원은 대배심의 기소 여부 결정에 간섭할 수 없다. 다만 법원은 기소권의 남용이 문제될 경우에는 사법적 심사를 해서 공소 기각 결정을 내릴 수 있다. 대부분은 검사가 혐의 사실과 관련 없는 편견적 내용이나 마피아 등 피의자를 암시하는 명칭을 사용했을 경우다. 불필요한 피의자의 전과 사실 언급 등도 문제가 된다.

대배심 제도에서도 검사의 역할은 매우 중요하다. 대배심 심의는 검사의 요청이 있어야 시작된다. 검사가 배심 기소안(Bill of Indictment : 서면의 범죄 기소라고도 한다)을 대배심에 제출하면 절차가 개시된다. 검사는 법률 자문을 수행함과 더불어 직접 출석해 배심원들에게 사건 개요, 혐의자에 대한 범죄의 구성 요건을 설명하기도 한다. 사건과 관련한 증거를 제출하거나 의견을 제시한다. 검사는 필요한 경우 대배심이 증인 소환장이나 증거 제출 명령장을 발부해 증인이나 증거 자료를 확보, 조사하도록 권고하며 증거 조사 과정에 입회해 대배심을 지도하기도 한다.

검사는 대배심 심리 과정에서 배심원들에게 입증의 문제에 대해 설명하고, 제출된 증거로부터 추론되는 결과에 대한 의견을 제출한다. 다만 배심원들의 비공개 평의(심의)에는 참여하지 못한다. 만약 검사가 증거를 조사한 결과, 범죄 혐의의 근거가 없다고 판단하면 대배심에 기소 거부를 권고해야 한다.

이런 차원에서 대배심에서의 검사에게는 준사법관으로서의 기능이 요구된다. 대부분의 주에서는 이를 반영해 검사에게 증인과 혐의자에게 공정하고, 피의자의 이익과 관련해 공평한 태도를 유지할 것을 요구한다. 나아가 검사는 대배심의 일방적 절차를 이용해 대배심의 표결에 영향을 미칠 수 있는 불공정하거나 부당한 언행을 해서는 안 된다.

만약 검사와 대배심이 기소 여부에 대해 의견을 달리하는 경우에는 각자 독자적으로 절차를 진행할 수 있다. 그러나 연방 사건의 경우 검사가 최종적으로 기소 거부권을 보유하고 있어서 실제로는 절차 진행이 어렵다. 일부 주에서는 검사의 동의 없이도 대배심이 기소장을 법원에 제출할 수 있고, 지방 검사가 기소를 거부할 경우 주 법무장관에게 특별 검사의 선임을 요청할 수 있다.

한편, 검사는 법원의 예비 심문 절차를 거치지 않아도 되고, 중요 참고인의 증언이나 금융 거래 자료 등의 증거물 확보가 용이하다는 점에서 기소 단계에서 대배심 절차를 자신들에게 유리하고 편리한 수단으로 적극 활용하기도 한다.

연방 및 대부분의 주에서는 다른 형사 절차의 단계와는 달리 대배심 절차가 비공개로 진행된다. 배심원, 검사, 속기사, 통역인 등은 대배심에서 심리한 자료의 내용을 외부에 누설할 수 없다. 그 외 사람들은 법원의 허가를 받지 않으면 대배심 자료에 접근할 수 없다. 피의자 및 변호인의 출석 또한 허용되지 않는다. 이러한 대배심 절차의 밀행성은 수사 관련자들에 대한 위협 등을 예방하거나 잠재적 피고인에게 편견이 생길 수 있는 가능성을 방지한다. 또한 평결 결과의 공정성을 확보하는 등 다양한 목적을 위해 필요한 것으로 인정된다.

변호인들은 대배심 절차의 밀행성이 갖는 제약을 극복하기 위해 절차가 종료된 후 대배심 증인들을 상대로 증언 내용을 확인하기도 한다. 대배심 절차의 위법성을 문제 삼아 공소 기각을 주장하며 대배심 기록의 공개를 요구하기도 한다. 검사들 또한 효율적인 공소 유지를 위해 대배심의 심리 내용이 공개되지 않도록 노력한다. 다른 관련자에 대한 수사, 국가가 당사자로 된 소송에서의 증거 확보를 위해 대배심의 심리 내용을 이용하기도 한다.

대배심 제도가 '만능의 보검'은 아니다. 오랜 기간 동안 운용되며 여러 가지 비판도 제기됐고, 변화의 요구를 받기도 한다. 대배심원들이 법률 지식과 경험이 부족해서 검사의 고무도장 역할밖에 하지 못한다는 조롱도 있다. 피의자가 아니라 오히려 검사를 보호한다는 지적도 나온다. 대배심이 자의적인 소추를 하는 검사로부터 시민을 보호해야 함에도 부당한 결정을 내려 정의에 반하는 경우도 더러 있다. 최근 들어서는 대배심 제도를 아예 폐지해야 한다는 의견도 제기된다.

대배심 존폐 논란이 이어지자 대배심 개선론이 등장하기도 했다. 검사에게 지나치게 예속된 대배심의 독립성을 개선해야 한다는 주장이다. 대배심이 검사 대신 법률적 조언을 얻을 수 있는 법률가를 별도로 선임할 수 있도록 해서 이들이 중립적인 입장에서 대배심을 이끌도록 해야 한다는 것이 골자다. 대배심이 실질적으로 독립해 기소 여부를 결정할 수 있도록 대배심 절차 후에도 예비 심문을 존치해 소추의 타당성 점검을 실질적으로 강화할 필요가 있다는 주장도 제기됐다.

검사가 헌법상의 적법 절차를 어기고 수집한 증거나 전문 증거를 대배심에 제출하지 못하도록 하고, 혐의자에게 유리한 증거가 있으면 이것도 반드시 대배심에 제출하도록 의무화하며, 그저 상당한 근거가 아닌 명확하고도 확실한 정도의 증거가 있는지를 기준으로 기소 여부를 판단해야 한다는 주장도 있다. 대배심에서 증인을 신문할 때 변호인의 입회를 허용하고 증인에게 미란다 원칙과 유사한 '신문 전前 권리 고지' 절차를 부여하고, 대배심 심리의 공식 기록 작성을 의무화하자는 등의 개선안도 제기된다.

지금까지 살펴본 미국의 대배심 제도는 검사가 기소하는 단계에 시민이 직접 참여해 검사의 기소 재량권 남용을 사전적으로 통제할 수 있는 제도다. 공소권 남용론에 대한 우리나라 대법원의 소극적인 태도를 감안할 때 대배심 제도의 도입은 검찰권 행사에 민주적 정당성과 공정성, 객관성, 투명성을 확보해 준다는 점에서 큰 의미가 있다.

다만 검사가 어떤 의도에서든 특정인을 반드시 기소하겠다는 생각으로 수사와 공소에 임하는 경우가 문제다. 일반 시민들로 구성된 대배심이 검사의 의도와 다른 결정을 내린다는 것은 쉽지 않을 것으로 보이기 때문이다. 또 검찰의 수사권과 기소권을 제약하는 대배심 제도가 과연 검찰의 조직적 반대를 극복하고 한국에 도입될 수 있을지 의문이 드는 것도 사실이다.

한국의 검찰시민위원회를 구성할 때 검찰이 위원을 지명해 위원회를 구성하는 것이 아니라 대배심 제도처럼 선거인단 중에서 무작위로 추출해 위원을 선발하는 방식은 도입할 수 있을 것으로 보인다. 대배심 제도의 좋은 취지를 살리면서 합리적으로 한국에 접목하는 방안이 되리라 생각한다.

일본의 검찰심사회 제도

일본은 1920년대에 형사 재판에서 배심제를 채택해 일반 시민의 사법 참여를 시행한 경험이 있다. 1923년 4월 배심법을 제정하고 1928년 10월부터 전면 시행했다. 국가 소추주의와 기소 독점주의에 근거해 대배심은 허용하지 않고 소배심인 심리 배심만을 채택했다. 민사 사건은 일반 시민이 접근하기에 복잡하다고 판단해 지방 재판소에서 관할하는 형사 사건만을 심리 배심의 대상으로 했다. 중죄 사건(사형 또는 무기 징역이나 금고에 해당하는 사건)은 당연히 배심 재판에서 처리하도록 했으나 3년 이상의 유기 징역이나 금고에 해당하는 사건은 피고인의 청구가 있을 때만 배심 재판에 회부했다.

　　그러나 정식으로 배심 재판에 이르는 경우는 많지 않았다. 피고인이 배심 재판을 청구한 뒤 취소할 수 있도록 했기 때문이다. 1928년 10월부터 12월까지 배심 재판 사건이 309건 수리되었지만, 실제로 배심 재판이 열린 경우는 28건(약 9.1퍼센트)에 불과했다. 1929년에는 배심 재판 사건이 수리된 1428건 중 133건(약 9.3퍼센트)에서만 배심 재판이 진행됐다. 이후 배심 재판 사건은 점점 줄어들다가 제2차 세계 대전이 치열

하게 전개된 1943년도에 배심 재판 제도가 완전히 정지됐다. 제2차 세계 대전이 끝난 후 일본은 미국의 영향력 아래 검찰 심사회 제도를 도입했다. 제2차 세계 대전 때까지 일본의 형사 절차에서는 예심豫審 판사의 권한이 막강했다. 예심 판사는 범죄를 수사할 수 있는 권한이 있었는데, 이 권한의 일환으로 피고인에 대한 신문권이나 피고인을 감금할 수 있는 권한까지 가지고 있었다. 검찰은 지위 강화를 위해 예심 판사가 담당했던 권한을 흡수하고자 했다. 검찰이 재판관과 같은 사법 행정 분야의 일을 담당하게 되면서 직무상으로도 법관과 같은 지위를 부여받았다. 예심을 이용할 수 있게 된 검찰은 예심 판사에게만 인정됐던 강제 처분권을 갖게 됐다.

검찰이 실질적으로 수사 권한을 독점하게 되자 검사가 피의자의 신체의 자유를 과도하게 침해하는 등 인권 유린 문제가 발생했다. 그러자 대배심 제도를 도입하자는 주장을 비롯해 직권 남용죄에 있어 기소 독점주의를 수정하자는 주장이 제기됐다. 직권 남용죄에 한해 변호사회에도 공소권을 부여하자는 주장, 검찰관을 임기제로 하자는 주장도 나왔다. 검사 선거제를 통해 지방 분권을 실시하자는 제안도 있었다. 기소 독점주의의 폐해를 줄이기 위해 검찰관 소추권 행사의 적정화 방안이 활발히 논의됐다.

1945년 당시 연합국 총사령부(GHQ)도 일본 검찰이나 경찰, 헌병에 의한 국민의 인권 침해 문제를 심각하게 보고 있었다. 그래서 헌법과 형사소송법에 고문 금지 규정을 비롯해 인권 보장에 관한 규정을 상세하게 마련할 것을 일본 정부에 요구했다. 검찰심사회 제도는 검찰관에 의한 형사 소추권의 제한을 요구한 재야 법조인들의 주장과 연합국 총사령부의 주도로 추진된 사법 민주화의 결과물이다.

당초 연합국 총사령부가 제시한 검찰 개혁 방안은 대배심 제도와 검찰관 공선제의 도입이었다. 일본 형사 사법 제도의 근간을 바꾸는 안이었기 때문에 사법성(법무성의 전신)은 물론 재야 법조인과 법학자들도 선뜻 받아들이기 어려웠다. 더구나 일본은 제2차 세계 대전 이전에 잠시나마 배심 재판을 실시했다가 실패한 경험이 있었다. 또한 대배심 제도에는 방대한 예산이 소요돼 전후 국가 실정에 맞지 않는다는 반론이 제기됐다.

검찰관 공선제 역시 상황은 비슷했다. 선출직인 검찰관에게 정당이 상당한 영향력을 행사할 수 있고, 일본 국민의 민도가 높지 않다는 지적이 나왔다. 일본 사법성의 책임자들은 이러한 이유를 들어 연합국 총사령부에 반대 의견을 제시했다. 연합국 총사령부 내부에서도 의견이 일치되진 않았다고 한다. 연합국 총사령부는 대안으로 검찰심사회 제도를 논의하기 시작했다. 시민의 대표자로 구성된 위원회 등의 기구를 만들어 검찰관의 불기소 처분을 심사하게 하는 것이 골자였다.

결국 연합국 총사령부와 일본 정부는 대배심 제도 대신 검찰관의 불기소 결정을 일반 시민이 사후 심사하는 검찰심사회 제도를 시행하기로 합의했다. 검찰관 공선제는 검찰관의 능력과 자질 등을 검증하기 위해 '검찰관 적격 심사회'를 설치하고 '검찰관 임기제'를 실시하는 것으로 최종 합의했다. 이러한 타협 과정을 통해 1948년 검찰심사회법이 제정됐다.

검찰심사회 제도는 공소권 행사에 민의를 반영하는 것을 첫째 목표로 했다. 일반인의 정의감, 시민적 감각, 상식적 수준의 판단을 반영하는 것이다. 평균적 수준의 각계각층 시민들이 가지고 있는 감각에 기초해 검찰관의 판단을 보충하는 것이 제도가 추구하는 목표였다. 검찰심사회 제도 도입은 국가 소추주의를 보완하고 수정하는 측면이 있었다. 검찰관에 의한 기소 독점주의 아래에서 재정 신청 제도처럼 예외적으로 인정되는 제도로서 검찰권의 행사에 시민이 직접 참여해 견제하는 민주적인 제도라고 할 수 있다.

검찰심사회 제도는 1948년 미국의 대배심 제도를 참고해 도입됐으나 검찰심사회의 결정은 권고적인 효력만 있었다.[35] 새로운 제도에 대한 시민들의 인식도 부족했고, 검찰의 태도 역시 소극적이었다. 인적·물적 인프라가 부족해 시행 초기부터 부진을 면하지 못했다. 검찰심사회 제도는 1948

년 시행된 후 약 50년 이상 활성화되지 못하다가 2001년 검찰 개혁 방안 중 하나로 다시 부각됐다. 시민의 사법 참여 측면에서 유의미하다는 점이 새삼 강조되면서 검찰심사회의 결정에 법적 구속력을 부여해야 한다는 목소리가 높아졌다. 마침내 2004년 일정한 요건과 절차 아래 검찰심사회의 결정에 법적 구속력을 부여하는 검찰심사회법이 개정돼 2009년 5월부터 시행되고 있다.

2004년 검찰심사회법 개정을 통해 심사 보조원 제도가 도입된 점은 특히 주목할 만하다. 검찰심사회가 사안을 심사할 때 법률 전문 지식을 보충할 필요가 있다고 인정되면 변호사 중에서 심사 보조원 1명을 위촉할 수 있도록 했다. 심사 보조원은 검찰심사회장의 지휘와 감독 아래 법률 지식과 경험에 기초해 사건 관련 법령을 설명하고, 사실상·법률상의 쟁점과 증거 등을 정리한다.

검찰심사회 제도는 탄생 배경에서 짐작할 수 있듯 미국의 대배심 제도와 유사한 측면이 있다. 선거인단 중 무작위로 선발된 일반인으로 심사회가 구성되고, 직권 심사가 허용된다는 점에서 비슷하다. 심사 절차가 밀행성을 띠고, 원칙적으로 다수결 방식에 따라 결정한다는 점도 유사하다.

일본이 검찰심사회를 설치한 목적은 검찰관의 공소권 행사에 시민의 의사를 반영해 적정성을 찾고자 함이다. 일본도 한국과 마찬가지로 기소 편의주의를 채택하고 있다. 검찰관은 독점적이고 재량적으로 소추 권한을 행사해 법원이 심판할 사건을 '선택'할 수 있다. 국가 소추주의와 기소 편의주의가 결합하면 검찰관의 공소권 행사가 때로는 지나치게 관료주의적인 색채를 띠게 된다. 피해자 또는 일반 시민의 법 감정과는 동떨어지게 공소권을 행사할 수 있다는 우려가 커지게 된다.

검찰심사회 제도는 이런 우려를 해소하기 위해 만든 제도다. 일반 시민 중에서 무작위로 선발된 검찰심사원들이 검찰관의 공소권 행사, 특히 검찰관의 불기소 처분에 대해 옳고 그름을 심사한다. 검찰관의 공소권 행사가 일반 시민의 법 감정이나 정의감으로부터 벗어나지 않고 적절하게 행사될 수 있도록 견제하는 데 목적이 있다.

검찰심사회는 각 지방 재판소마다 설치되고 검찰심사원은 일반 시민 중에서 선정된다. 검찰심사회는 각 지방 재판소 및 지방 재판소 지부에 설치되는데, 각 지방 재판소 관할 구역 내 최소 1개 이상 설치해야 한다. 2016년 9월 기준으로 일본 전 지역에 총 165개의 검찰심사회가 설치돼 있다. 심사회별로 4군群으로 나누고 1군당 100명씩의 후보자를 선정한다.

각 지역 선거관리위원회는 검찰심사회 사무국장의 통지에 따라 선거인 명부에 등재된 사람들 중에서 검찰심사원 후보 예정자 명부를 작성해 검찰심사회 사무국장에게 통보

한다. 이를 수령한 검찰심사회 사무국장은 검찰심사원 후보자 명부를 작성한 다음 해당 후보자에게 결격 사유가 있는지 등을 조사해 최종적으로 후보자를 결정한다. 검찰심사회 사무국장은 판사와 검사 입회 아래 후보자들 중에서 매년 12월 28일까지 1군에서 5명, 3월 31일까지 2군에서 6명, 6월 30일까지 3군에서 5명, 9월 30일까지 4군에서 6명을 심사원과 보충원으로 선발한다. 검찰심사원과 보충원의 임기는 6개월이며 3개월마다 5~6명을 교체한다.

검찰심사회는 모두 11명의 심사원으로 구성된다. 회의는 매년 3월, 6월, 9월, 12월의 15일에 열리지만 필요할 때는 언제라도 회의를 개최할 수 있다. 검찰심사회의 의결 방식은 원칙적으로 검찰심사원 중 과반수로 결의한다. 그렇지만 기소 상당 의결과 재심사 단계에서의 기소 의결에 있어서는 예외적으로 11명 중 8명 이상의 찬성이 필요하다.

검찰심사회는 검찰관이 이미 행한 불기소 처분의 옳고 그름을 심사하고, 검찰 직무의 개선에 관해 건의와 권고를 한다. 검찰심사회는 독립적으로 직무를 수행한다. 따라서 검찰심사회의 직무 수행에 대해 외부에서 지시 또는 명령을 하거나 활동에 간섭할 수 없도록 돼 있다.

검찰심사회는 고소인과 고발인, 피해자로부터 신청을 받아 심사하는 것을 원칙으로 한다. 검찰심사회가 스스로 획득한 정보를 이용해 직권으로 불기소 처분의 옳고 그름을 심사하기 위해서는 검찰심사회의 과반수 의결이 요구된다. 검찰심사회는 불기소 결정의 당부를 심사하기 위해 검찰관에게 필요한 자료의 제출과 출석을, 공무소 등에 사실 조회를 요구할 수 있다. 신청인 및 증인을 소환하여 심문할 수도 있다.

검찰심사회는 어떤 사안을 심사한 후 '기소 상당' 의결, '불기소 부당' 의결, 그리고 '불기소 상당' 의결 등을 내린다. 기소 상당 의결은 검찰관이 어떤 사건을 불기소 처분한 것이 부당하고 사건을 기소하는 것이 적합하다고 판단될 때 내리는 결정이다. 이 의결을 위해서는 심사원 11명 중 8명 이상의 찬성이 필요하다. 의결이 내려진 경우 검찰관은 신속하게 기소함이 타당한지 여부를 재검토한 후 기소 또는 불기소 처분을 해야 한다. 만약 기소 상당 의결이 이루어진 사건에 대해 검찰관이 다시 불기소 처분을 하게 되면 검찰심사회에 의한 제2단계 심사가 진행된다.

불기소 부당 의결은 검사가 어떤 사건을 불기소 처분한 것이 부당하다고 판단되는 수준일 때 내리는 결정이다. 불기소 부당 의결이 내려진 사건을 검찰관이 다시 불기소 처분한다고 해도 검찰심사회에 의한 제2단계의 심사는 진행되지 않는다. 불기소 상당 의결은 검찰관이 어떤 사건을 불기소 처분한 것에 대해 그 처분이 적절하다고 판단되는 경우에 내리는 결정이다.

검찰심사회가 어떤 의결을 한 경우 검찰심사회는 의결서를 작성해 불기소 처분을 한 검찰관을 지휘·감독하는 검사정(한국의 검사장)과 검찰관 적격심사회에 송부한다. 의결 요지를 검찰심사회 사무국 게시판에 7일간 게시하고 신청인에게도 통지한다.

검찰심사회는 여전히 발전 단계에 있는 제도라고 할 수 있다. 일본에 검찰심사회 제도가 정착되는 과정에서도 반대 주장이 있었다. 먼저 "법률 전문가가 아닌 일반인이 검찰관이 판단한 사항을 심사하는 것이 과연 타당한가?"라는 근본적인 의문이 제기됐다. 도입 당시 일본 시민의 전반적인 법률 지식 수준으로 보면 검찰심사회 제도를 도입하는 것이 적절하지 못하다는 현실적인 반론도 나왔다. 제도가 운영된 지 몇 년이 지났지만 검찰심사회가 일정한 사안에 있어서는 사무국에 의해 주도당하는 경향이 있다는 지적도 제기됐다.

검찰관의 전문적인 판단을 일반 시민이 보통 사람의 시각에서 심사한다는 점에 대해 미국에서도 같은 문제가 거론된 바 있다. 그러나 일반 시민이 느끼는 법 감정과 수사 기관의 권한 행사가 동떨어진 사례가 적지 않은 것 역시 사실이다.

특히 검찰심사회 제도는 최근 일본에 도입된 '재판원 제도'와[36] 함께 형사 사법에 있어 시민 참여의 쌍두마차 역할을 하고 있다는 긍정적인 평가가 일반적이다. 검찰심사회의 실제 활동이 검찰관의 소추 결정에 직접적이고 결정적인 영향을 미치지 못하고 있는 것은 사실이다. 그러나 이념적인 측면에서 검찰심사회는 검찰관의 공소권 행사에 적정성을 도모하고, 형사 사법에 시민 참가라는 역할을 수행해 왔다고 평가받는다. 최근 검찰심사회가 수리하는 사건 수가 매년 2000건을 넘고 있고 공해 범죄, 뇌물 범죄, 직권 남용 범죄 등 공무원 범죄에서 특히 유용성을 발휘하고 있다. 그간 약 54만 명에 달하는 사람들이 검찰심사원 또는 보충원으로 활동하면서 형사 사법 제도에 대한 이해의 폭을 넓히는 한편, 검찰심사회 제도의 보급과 발전에 기여했다. 특히 인권 감각을 육성하고 형사 사법 민주화를 위한 의욕을 고취하는 중요한 가치를 지닌 것으로 평가되고 있다. 이 밖에도 실증적인 자료를 통해 실제로 심사원으로 복무한 사람들이 검찰심사회 제도에 대해 긍정적으로 평가하고 있다는 점도 주목할 만하다.

그러나 검찰심사회 제도는 아직 많은 과제를 안고 있다. 우선 검찰심사회에서 심사하는 대상이 검찰관의 불기소 처분에만 국한한다는 한계가 있다. 기소 상당 의결을 제외한 검찰심사회의 나머지 결정은 법적 구속력이 인정되지 않는다는 점도 문제다. 피의자의 지위가 명확하지 않다는 점 역시 비판의 대상이다. 검찰심사회에 변호사에 의한 공소 제기 및 유지 제도가 도입되긴 했으나, 제도의 실질적이고 구체적인 운영 방안을 마련하는 것도 해결해야 할 과제다.

　　가장 우려되는 것은 검찰심사회 제도의 정치적 악용 가능성이다. 일본에서는 검찰관이 기소하면 유죄가 선고되는 비율이 평균 70퍼센트 이상이다. 형사 사법에서 검찰관의 기소 내지 불기소 처분이 법원의 유무죄 판결 선고와 사실상 동일시되고 있다. 따라서 검찰관에 의해 일단 공소가 제기되면 그 사람은 사회적으로 범죄자 취급을 받는다. 마찬가지로 검찰심사회의 기소 의결 역시 사실상 절대적인 권력을 가질 수 있게 된다. 만약 검찰심사회의 절대적인 권력이 정치적으로 악용된다면 이에 따른 억울한 피의자의 피해는 심각할 것이다.

　　우리나라 역시 일본과 마찬가지로 기소 독점주의와 기소 편의주의를 천명하고 있고, 이에 따라 검사는 재량껏 기소 또는 불기소 처분을 내릴 수 있다. 그리고 한국에서는 고소·고발 사건에 대해 검사가 불기소 처분한 경우, 항고 내지 재정신청을 통해 이를 통제할 수 있도록 되어 있다. 일본과 똑같은 제도를 국내에 바로 도입할 수는 없겠지만, 검찰심사회 제도의 좋은 취지를 살리는 방향으로 도입을 모색할 필요가 있다.

　　현재 운영 중인 검찰시민위원회를 선거인단 중에서 무작위로 추출하여 위원을 구성한다는 것을 전제로 하여, 고소인 등 당사자의 신청이 있으면 검찰시민위원회가 고소인이 항고한 사건에 대해 직접 심사할 수 있도록 해야 한다. 일본의 검찰심사회와 마찬가지로 검사의 불기소 처분에 대해 시민이 직접 참여해 불기소 처분의 당부를 심사하고 잘못된 불기소 처분을 고칠 수 있어야 한다. 검찰시민위원회에도 일본의 검찰심사회와 마찬가지로 검사를 대신해 법률 지식을 제공하는 독립적인 보조원을 둘 수 있도록 해야 한다.

나아가 검사의 불기소 처분에 대해 고소인이 항고를 거쳐 재정 신청을 한 경우는, 이를 담당하는 법원이 국민참여재판과 마찬가지로 일반 시민을 재판에 참여시켜 재정 신청의 옳고 그름을 심사할 수 있도록 해야 한다. 검사의 불기소 처분이 타당한지 아닌지를 판사만이 아니라 일반 시민도 참여해 함께 검토하는 것이다. 일반 시민이 참여한 가운데 재정 신청을 인용하거나 기각하는 결정을 내리면 그 결정에는 민주적 정당성이 부여된다. 재정 신청 재판의 결론에 설득력이 생겨 재정 신청인과 고소인 모두 결과를 받아들이는 데 도움이 될 것이다.

저자 인터뷰

검찰 개혁이 처음 나온 이야기는 아니다. 임수빈의 개혁안이 유독 주목받는 이유는 뭐라고 생각하나?

일단 검사 출신이 검찰 개혁안을 말한다는 것에 대해서 호기심과 신선함을 갖는 게 아닐까 싶다. 이제까지는 검경 수사권 조정이나 고위공직자비리수사처 설치 같은 거시적인 이야기만 나왔다. 나는 미시적인 이야기를 했는데 이런 것들이 신선하게 받아들여지는 것 같다. 사람들이 미시적인 것도 거시적인 것 못지않게 중요하다는 인식을 하는 거다. 실무적인 검찰권 행사부터 통제되어야 큰 차원에서도 바로잡을 수 있다는 것을 느끼는 거다.

책에 담은 개혁안 중 가장 먼저 실행해야 할 것은 뭘까?

표적 수사, 타건 압박 수사, 피의자 면담 같은 검찰 수사의 불법적 행태를 즉시 단절해야 한다. 이런 것들은 지금 당장이라도 검찰 스스로 '문제가 있다'라는 인식을 가지고 실행하면 바로 개선되는 내용들이다. 타건 압박 수사 같은 것이 범죄라는 경각심을 일깨워 주는 것이 필요하다. 이제는 그런 일이 있다면 민형사상의 소송이 제기될 수도 있다는 인식을 검사들도 해야 한다. 검찰 내부에서 먼저 움직이지 못하는 것은 무엇이 문제인지를 판단하지 못하기 때문이다. 그래서 외부에 있는 사람들이 지적할 필요가 있다.

검찰에 있을 때 문제점들을 바꿔 보려는 시도를 해봤나?

해봤다. (잠시 침묵) 무엇이었는지는 말하지 않겠다. 그 과정을 이야기하면 반향이 너무 클 것 같다. 다만 검찰에 있을 때도 이대로 가면 안 된다는 생각을 했고 변화를 꾀했는데 내부의 저항이 컸다. 윗분들은 물론이고 동료들도 나를 돈키호테처럼 여기는 반응들이 있었다. 내가 검사직을 그만두니 결국 모든 것이 원상 복귀가 됐다.

그런 것들이 쌓여 터진 것이 2008년의 〈PD수첩〉 사건이었나?

한때 검사였던 사람으로서 과거에 있었던 일을 자세히 말하고 싶진 않다. 일을 하다 보면 어떤 순간에 '검사로서 운이 다했다'라는 생각이 든다. 그러면 이러쿵저러쿵 떠들지 말고 가만히 혼자 생각하다가 결론이 나면 사표 쓰고 나오는 거다.

그만두면서 "앞으로 내 아이들 보기 부끄러울까 봐 떠난다"라는 말을 했다고.

검사로서 해야 할 일이 있고 해서는 안 되는 일이 있다. 그때 그런 고민을 했었다. 〈PD수첩〉 사건 당시 아들이 서울대학교 법학과에 입학했다. 그래서 아들한테 떳떳한 아빠로 남겠다고 결심했다. 어찌 보면 이런 상황들이 총체적으로 '검사로서 운이 다했다'라는 생각이 들게 했던 것 같다.

사회 통념상 임수빈 변호사 역시 전관이다. 미운털이 박혀 전관예우를 제대로 못 받은 탓에 검찰에 메스를 들이대는 것 아니냐는 말도 나온다.

내가 하고 싶은 이야기는 누가 진정으로 검찰을 사랑하느냐는 차원에서 이 문제를 보자는 거다. 이상하게 들릴 수도 있지만 나는 검찰을 사랑해서 사표를 냈다. 지금도 여전히 사랑하고 있고 기회가 된다면 평검사로 복직하고 싶다. 그런데 나와서 보니까 검사님들이 잘못하고 있는 일들이 보이는데, 아무도 얘기는 안하고 검사 본인들은 정말로 모르고 있더라. 공공 기관 신뢰도 여론 조사 같은 것을 하면 검찰의 신뢰도는 늘 꼴찌 수준이다. 나는 청춘을 검찰에서 불사른 사람인데, 이런 현실이 너무 안타깝고 또 이걸 가만히 두는 것이 옳지 않다고 생각한다. 검찰이 미워서 하는 이야기가 아니다. 검찰이 잘못된 것은 20여 년 검사 일을 잘못한 내 탓도 있을 것이라 생각하고 나부터 반성한다. 그렇지만 잘못된 것에 대해서는 잘못됐다고 얘기하고 토론해서 검찰을 잘되게 만들어야 한다. 대한민국의 주권은 국민에게 있고 모든 권력은 국민으로부터 나온다는 것이 헌법에 명시돼 있다. 그러면 검찰권도 당연히 국민들로부터 나오는 건데 검찰이 국민한테 지지를 받지 못한다면 어느 날 검찰이라는 조직이 없어질 수도 있는 것 아닌가. 그렇게 되기 전에 빨리 고치자는 거다. 지금 검찰에는 고언, 충언이 필요하다. 입에 쓰더라도 약이 될 수 있는 말들을 해줘야 한다.

현장 경험이 묻어나는 대안 제시가 인상적이다. 특히 '면담' 같은 것은 피의자 입장에서는 정작 무엇이 문제인지도 인식하지 못할 수 있다.

변호인이 입회하지 못하는 면담은 마치 지뢰밭과 같다. 잘못 밟으면 터지고 그대로 죽는 거다. 피의자를 상대로 그렇게 한다는 것 자체가 잘못된 거다. 어떤 경우에는 범죄가 될 수도 있다. 미루어 짐작하건대 어려운 수사가 몰리는 특수부 쪽에서 만들어 낸 관행으로 본다. 적법 절차를 다 지키면 수사가 안 풀리니까. 적법한 범위를 넘어서는 심리적·정신적 압박이라던가, 회유나 협상 같은 것을 하면서 강온 전략을 다 쓰는 게 이른바 면담이다.

의도적인 피의 사실 공표는 사실상 인민재판이나 다름없다. 검찰 수사가 언론을 거치며 수사가 곧 인민재판이 되는 우리나라의 현실을 어떻게 개선할 수 있을까?

미묘한 부분인데…… 언론의 자유와 국민의 알 권리를 언론이 내세우면 검찰이 "그래 맞아, 그런 면이 있어" 하면서 맞장구치는 부분이 있다. 그런데 검찰에서 피의 사실을 언론에 공개할 때 정말 언론의 자유와 국민의 알 권리를 채워 주는 차원에서 얘기하는 것인지, 그걸 빌미로 일종의 낙인 효과를 노리는 것인지는 언론에서 구분해야 한다.

특검법에는 공식적인 브리핑이 가능하게 돼 있다. 이건 어떻게 봐야 하나?

특검법에 공식 브리핑을 허용한 조문이 있다고 해서 모든 수사 내용을 공개할 수 있다는 뜻은 아니다. 진짜로 국민의 알 권리나 언론 자유를 위해서 하는 게 아니라면 조문에 반하는 것이고 역시 처벌의 대상이 돼야 한다.

2012년 윤대해 검사의 '꼼수 개혁' 사건이 큰 파장을 일으켰다. 결국 조직을 위한 정치적 판단만으로 검찰 개혁을 말하는 것을 보면서 민감한 내용을 뺀 검찰 개혁안이 과연 진정성을 인정받을 수 있을까 하는 의심이 들기도 한다.

나는 민감한 이야기를 다루지 않았다기보다 실현 가능한 이야기들을 어떻게 제도적으로 도입할 수 있을까에 대한 방법론적인 이야기를 하고 싶었다. 나 혼자 검찰을 통제할 수 있는 방안을 전부 내놓으라고 하면 그건 어불성설이다. 내가 아는 선에서 문제점을 분석하고 거기에 대한 대응 방안을 만들어 본 것이다.

법대로만 하면 제대로 된 수사는 못한다는 검찰의 주장에 반박을 한다면?

지금 제도 자체가 헌법과 법률의 통제하에 수사를 하라고 돼 있다. 그게 싫으면 마치 옛날 원님 재판처럼 주리를 틀면 되겠지. 그런데 주리를 틀 때는 심각한 문제가 두 개 발생한다. 먼저 주리를 트는 행위 자체가 지니는 인권 침해의 문제가 있고, 또 주리를 틀어서 나온 말이 정말로 진실이라는 보장을 할 수가 없다는 문제가 있다. 그래서 실체적 진실을 어떻게 규명하느냐보다 더 중요한 개념으로 적법 절차 준수와 인권 보장을 내세운 것이다. 적법 절차 준수와 인권 보장이 실체적 진실의 규명보다 더 상위의 개념이라는 이야기다. 자꾸 검사님들이 그 둘을 대등한 개념으로 보는 게 문제다. 실체적 진실을 규명하기 위해 적법 절차를 무시하고 인권을 침해할 수 있다고 생각하는 사람은 없다. 헌법과 법률 아래에서 열심히 해서 실체적 진실을 규명해야 한다.

현행 헌법과 법률을 다 지키다 보니 법망을 빠져나가는 범죄자들이 있는 것은 사실 아닌가? 그걸 내버려 둬야 하나?

지금 당장은 어쩔 수 없는 거다. 수사는 바로 해야지 잘 하려고 하는 게 아니다. 수사라는 것은 법을 어긴 누군가를 처벌하자는 건데, 그 과정에서 검사가 법을 어기면 수사의 정당성이 없어진다. 그래서 수사는 바로 해야 한다. 성과의 유혹에 빠지면 안 된다. 수사 대상이 누구냐에 따라서 적법 절차 준수와 인권 존중의 필요성이 사라지는 상황은 없다. 적법 절차는 지켜져야 하고 인권은 존중돼야 한다.

한국의 통치자가 정말로 검찰 개혁을 원하고 있을까 하는 의심이 든다.

국가 원수이고 행정부 수반인 대통령이 국가를 통치하는 차원에서 검찰에 어떤 지시를 하면 검찰은 그 지시를 따르는 게 맞다. 당연한 얘기다. 치안을 제대로 하라거나 성범죄를 엄중 처벌하라고 하면 따르는 게 당연하다는 차원에서다. 문제는 국가 통치를 가장한 정치적 술수의 수단으로 검찰을 이용하는 거다. 이것은 헌법과 법률을 위반하는 것이기 때문에 대통령도 지시하면 안 되고 검찰도 따르면 안 된다. 검찰 수사의 독립성을 지키기 위해서는 세 가지가 지켜져야 한다. 먼저 수사 배경이 정당해야 한다. 누구의 하명을 받아서 수사를 하면 안 된다. 두 번째로 수사 과정이 적법해야 한다. 세 번째로 처리가 공정해야 한다. 이 세 가지가 검찰 수사의 독립성을 지켜 주는 요소다. 그런데 수사 배경의 정당성과 관련된 부분은 24시간 철저하게 감시하기가 어렵다. 상부의 은밀한 지시를 외부에서 일일이 감시하기 어려운 것이 사실이다. 그러니 수사 과정이 적법하도록, 수사 결과 처리가 공정하도록 시스템을 만들어 놓아야 한다. 피의자를 조사하고 재판에 넘기는 과정을 은밀하게 하는 것에는 한계가 있기 때문이다. 그러니 검찰 결정에 시민들도 투명하게 참여할 수 있도록 검찰시민위원회 제도를 개선하자는 것이다. 이런 시스템을 도입하면 검찰이 숙덕숙덕 조사해서 아무도 모르게 일을 처리하진 못한다. 이렇게 되면 권력자가, 통치자가 검찰에다가 국가 통치를 가장해서 뭔가를 요구했을 때 검찰에서 "해주고 싶은데 제도 때문에 할 수가 없어요"라고 대답하게 된다. 그래서 검찰 통제의 제도화가 필요하다는 이야기를 반복하는 거다.

정권이 바뀔 때마다 검찰 개혁은 이슈였지만 매번 실패했다. 이유가 뭐라고 생각하나?

우선 검찰이 스스로 인식의 전환을 하지 않는 것이 문제다. 정치권이나 통치자의 관점에서는 두 가지로 볼 수 있다. 첫째는 통치자가 말로는 검찰 개혁을 하겠다면서 속으로는 검찰을 활용하고 싶어서 개혁을 원하지 않는 경우가 있을 것이다. 둘째는 '내가 검찰을 그대로 두면 검찰이 알아서 제대로 설 거야'라고 순진하게 생각하는 경우도 있을 거다. 그런데 민주주의 제도라는 것은 원래 사람을 믿지 않는 것을 전제로 만들어졌다고 생각한다. 검찰이 제대로 굴러가게 하려면 통제 방안을 제도화해야 한다. 검사들을 믿을 게 아니라 제도적으로 통제하고, 그래서 수사를 받는 대상자들도 제도 안에서 자신들의 권리를 말할 수 있어야 한다.

실제로 권한을 가지고 개혁안을 펼칠 수 있는 자리가 주어진다면 나설 의향이 있나.

사람이 살다 보면 내가 하고 싶다고 할 수 있고 싫다고 거절할 수 있는 상황이 아닌 경우가 있지 않나. 뭔가 큰 자리를 기대한다, 그런 이야기를 하려는 게 아니다. 그저 평검사로 복직하고 싶다는 것이 솔직한 마음이다. 가서 검찰 개혁에 대해 이야기하고 토론하고 싶다.

어느 자리든 조금의 권한이라도 얻게 된다면, 정치적 논란 때문에 이야기를 꺼렸던 개혁안도 실천할 것인가?

검찰을 개혁해야지, 국민의 지지를 받을 수 있게.

선후배 동료 검사들한테 하고 싶은 이야기가 있다면?

세상이 변했다. 근데 우리 검사님들만 안 변했다. 이제 세상을 제대로 봐야 한다. 변화된 세상에서 검찰이 살아남으려면 검찰이 변해야 한다. 그런데 검사님들이 그걸 못 느끼는 것 같다. 또 한편으로는 '버티면 넘어갈 수 있지 않을까?'라는 생각도 하는 것 같은데 이제 그렇지 않은 세상인 것 같다. 검사님들이 종종 "나 칼잡이야, 무사야" 이러는 거 같은데 검사는 문관이다. 검사가 가장 중요하게 생각해야 할 것은 검사가 공익의 대표자로서 인권 옹호 기관이라는 거다. 수단과 방법을 가리지 않고 비리를 규명해서 상대방이 권력이 높든, 돈이 많든 가차 없이 친다는 생각을 갖고 있는 것 같은데 그게 아니다. 검사의 기본은 그런 것이 아니라는 말이다. 공익의 대표자로서 검사가 해야 하는 일은 뭐냐면, 경찰 수사가 제대로 되는지 감독을 하고 사건이 송치가 되면 수사가 잘 됐는지 확인을 해서 잘못된 것을 바로잡는 거다. 기소를 하면 법원이 재판을 제대로 하는지 견제해야 한다. 법원에서 형이 확정된 후라도 사건의 진범이 잡혔다고 치자. 그러면 "그거 잘못됐다"라고 바로잡아 주는 정도가 돼야 한다. 이게 헌법과 법률이 부여한 검사의 기본 임무다. 그런데 지금 대체 무슨 생각들을 하고 있는지 모르겠다.

주

1 _ 2009년 오사카지방검찰청 특수부 검사가 정부 고위 관료를 조사하는 과정에서 압수한 디스크에 보존되어 있는 문서 데이터를 검찰에 유리하게 함부로 조작한 사건을 말한다. 이와 같이 증거를 조작한 혐의로 주임 검사는 2010년 9월 체포돼 기소됐다. 지휘 라인에 있던 부부장 검사, 부장 검사도 기소됐으며 도쿄지방검찰청 특수부와 함께 일본 검찰의 자존심으로 불리던 오사카지방검찰청 특수부의 신뢰는 추락해 버렸다(정지혜·村岡啓一,〈검사의 역할과 검사 직업윤리의 필요성〉,《부산대학교 법학연구》, 2013. 11.).

2 _ 한만호 전 한신건영 사장은 이 사건의 피의자가 아니라 참고인 자격으로 수사를 받았다.

3 _ 신동운,《신형사소송법》제5판, 법문사, 2014.

4 _ 정웅석·백승민,《형사소송법》전정증보 제6판, 대명출판사, 2014.

5 _ 노명선 · 이완규,《형사소송법》제4판, 성균관대학교 출판부, 2015.

6 _ 정미정,〈우리 언론은 '노무현'을 어떻게 다루었는가, 검찰수사와 언론 보도, 무엇이 문제였나?〉,《한국언론정보학회 토론회 자료집》, 2009.

7 _ 대법원 2008. 7. 10. 선고 200714728 판결

8 _ 국가가 국민의 기본권을 제한하는 내용의 입법 활동을 할 경우 준수해야 할 기본 원칙 내지는 입법 활동의 한계를 뜻한다. 기본권을 제한하려는 입법의 목적은 헌법 및 법률의 체제상 정당성이 인정되어야 한다(목적의 정당성). 목적의 달성을 위한 방법이 효과적이고 적절해야 한다(방법의 적정성). 입법권자가 선택한 기본권 제한의 조치가 입법 목적 달성을 위해 적절하더라도, 보다 완화된 형태나 방법을 모색해 기본권의 제한은 필요한 최소한도에 그치도록 해야 한다(피해의 최소성). 입법에 의해 보호하려는 공익과 침해되는 사익을 비교할 때 보호되는 공익이 더 커야 한다(법익의 균형성).

9 _ 헌법 제37조 2항은 "국민의 모든 자유와 권리는 국가안전보장 · 질서유지 또는 공공복리를 위하여 필요한 경우에 한하여 법률로써 제한할 수 있으며, 제한하는 경우에도 자유와 권리의 본질적인 내용을 침해할 수 없다"고 규정하고 있다.

10 _ 한인섭, 〈괴롭히고 겁주기 하는 검찰권 행사〉, 《한겨레신문》, 2015. 1. 1.

11 _ 형법 제51조(양형의 조건) 형을 정함에 있어서는 다음 사항을 참작하여야 한다.
1. 범인의 연령, 성행, 지능과 환경 2. 피해자에 대한 관계 3. 범행의 동기, 수단과 결과
4. 범행 후의 정황

12 _ 검찰사건사무규칙 제69조(불기소처분) ③불기소결정의 주문은 다음과 같이 한다.
1. 기소유예 : 피의사실은 인정되나 형법 제51조 각호의 사항을 참작하여 소추를 필요.
로 하지 아니하는 경우 2. 혐의 없음 가. 혐의 없음(범죄 인정 안됨) : 피의사실이 범죄를
구성하지 아니하거나 인정되지 아니하는 경우 나. 혐의 없음(증거 불충분) : 피의사실을
인정할만한 충분한 증거가 없는 경우
3. 죄가 안됨 : 피의사실이 범죄구성요건에 해당하나 범죄의 성립을 조각하는 사유가 있
어 범죄를 구성하지 아니하는 경우 4. 공소권 없음 : 확정판결이 있는 경우, 통고처분이
이행된 경우, '소년법', '가정폭력범죄의 처벌 등에 관한 특례법' 또는 '성매매알선 등 행
위의 처벌에 관한 법률'에 의한 보호처분이 확정된 경우(보호처분이 취소되어 검찰에
송치된 경우를 제외한다), 사면이 있는 경우, 공소의 시효가 완성된 경우, 범죄후 법령의
개폐로 형이 폐지된 경우, 법률의 규정에 의하여 형이 면제된 경우, 피의자에 관하여 재
판권이 없는 경우, 동일사건에 관하여 이미 공소가 제기된 경우(공소를 취소한 경우를
포함한다. 다만, 다른 중요한 증거를 발견한 경우에는 그러하지 아니하다), 친고죄 및 공
무원의 고발이 있어야 논하는 죄의 경우에 고소 또는 고발이 없거나 그 고소 또는 고발
이 무효 또는 취소된 때, 반의사불벌죄의 경우 처벌을 희망하지 아니하는 의사표시가 있
거나 처벌을 희망하는 의사표시가 철회된 경우, 피의자가 사망하거나 피의자인 법인이
존속하지 아니하게 된 경우 5. 각하 : 고소 또는 고발이 있는 사건에 관하여 고소인 또는
고발인의 진술이나 고소장 또는 고발장의 기재에 의하여 제2호부터 제4호까지의 사유
에 해당함이 명백한 경우, 고소·고발이 형사소송법 제224조, 제232조 제2항 또는 제235
조에 위반한 경우, 동일사건에 관하여 검사의 불기소처분이 있는 경우(다만, 새로이 중
요한 증거가 발견된 경우에 고소인 또는 고발인이 그 사유를 소명한 때에는 그러하지 아
니하다), 형사소송법 제223조, 제225조부터 제228조까지의 규정에 따른 고소권자가 아
닌 자가 고소한 경우, 고소·고발장 제출후 고소인 또는 고발인이 출석요구에 불응하거
나 소재불명되어 고소·고발사실에 대한 진술을 청취할 수 없는 경우, 고소·고발사건에
대하여 사안의 경중 및 경위, 고소·고발인과 피고소·피고발인의 관계 등에 비추어 피고
소·피고발인의 책임이 경미하고 수사와 소추할 공공의 이익이 없거나 극히 적어 수사의

필요성이 인정되지 아니하는 경우 및 고발이 진위 여부가 불분명한 언론 보도나 인터넷 등 정보통신망의 게시물, 익명의 제보, 고발 내용과 직접적인 관련이 없는 제3자로부터의 전문(傳聞)이나 풍문 또는 고발인의 추측만을 근거로 한 경우 등으로서 수사를 개시할만한 구체적인 사유나 정황이 충분하지 아니한 경우

13 _ 형사소송법 제258조 (고소인 등에의 처분고지) ①검사는 고소 또는 고발 있는 사건에 관하여 공소를 제기하거나 제기하지 아니하는 처분, 공소의 취소 또는 제256조의 송치를 한 때에는 그 처분한 날로부터 7일 이내에 서면으로 고소인 또는 고발인에게 그 취지를 통지하여야 한다.

14 _ 형사소송법 제258조 (고소인 등에의 처분고지) ②검사는 불기소 또는 제256조의 처분을 한 때에는 피의자에게 즉시 그 취지를 통지하여야 한다.

15 _ 범죄 피해자 보호법 제8조 (형사절차 참여 보장 등) ①국가는 범죄 피해자가 해당 사건과 관련하여 수사담당자와 상담하거나 재판절차에 참여하여 진술하는 등 형사절차상의 권리를 행사할 수 있도록 보장하여야 한다. ②국가는 범죄 피해자가 요청하면 가해자에 대한 수사 결과, 공판기일, 재판 결과, 형 집행 및 보호관찰 집행 상황 등 형사절차 관련 정보를 대통령령으로 정하는 바에 따라 제공할 수 있다.
제8조의2 (범죄 피해자에 대한 정보 제공 등) ①국가는 수사 및 재판 과정에서 다음 각호의 정보를 범죄 피해자에게 제공하여야 한다. 1. 범죄 피해자의 해당 재판절차 참여 진술권 등 형사절차상 범죄 피해자의 권리에 관한 정보 2. 범죄 피해 구조금 지급 및 범죄 피해자 보호·지원단체 현황 등 범죄 피해자의 지원에 관한 정보 3. 그 밖에 범죄 피해자의 권리보호 및 복지증진을 위하여 필요하다고 인정되는 정보 ②제1항에 따른 정보 제공의 구체적인 방법 및 절차 등에 필요한 사항은 대통령령으로 정한다.

16 _ 범죄 피해자 보호법 시행령 제10조 (범죄 피해자에 대한 형사절차 관련 정보의 제공) ①법 제8조에 따라 범죄 피해자에게 제공할 수 있는 형사절차 관련 정보(이하 "형사절차 관련 정보"라 한다)의 세부사항은 다음 각호와 같다. 1. 수사 관련 사항 : 수사기관의 공소 제기, 불기소, 기소중지, 참고인 중지, 이송 등 처분 결과 2. 공판진행 사항 : 공판기일, 공소 제기된 법원, 판결 주문, 선고일, 재판의 확정 및 상소 여부 등 3. 형 집행 상황 : 가석방·석방·이송·사망 및 도주 등 4. 보호관찰 집행 상황 : 관할 보호관찰소, 보호관찰·사회봉사·수강명령의 개시일 및 종료일, 보호관찰의 정지일 및 정지 해제일 ②형사

절차 관련 정보는 범죄 피해자에게 제공하는 것을 원칙으로 한다. 다만, 범죄 피해자의 명시적인 동의가 있는 경우에는 범죄 피해자 지원법인에도 해당 정보를 제공할 수 있다. ③범죄 피해자가 형사절차 관련 정보를 요청한 경우 해당 국가기관은 이를 제공하여야 한다. 다만, 형사절차 관련 정보의 제공으로 사건 관계인의 명예나 사생활의 비밀 또는 생명·신체의 안전이나 생활의 평온을 해칠 우려가 있는 경우에는 형사절차 관련 정보를 제공하지 아니할 수 있다. ④형사절차 관련 정보의 제공은 서면, 구두, 모사전송, 그 밖에 이에 준하는 방법으로 하여야 한다.

제10조의2 (범죄 피해자에 대한 정보 제공 등) ①검사 또는 사법경찰관리는 범죄 피해자를 조사할 때에 범죄 피해자에게 법 제8조의2 제1항 각호의 정보를 제공하여야 한다. 다만, 범죄 피해자에 대한 조사를 하지 아니하는 때에는 다음 각호의 구분에 따른 시기에 정보를 제공하여야 한다. 1. 사법경찰관리 : 사건 송치시 2. 검사 : 사건 처분시

17 _ 대검 예규 '범죄 피해자 보호 및 지원에 관한 지침' 제22조 (통지의 종류 및 내용) 1. 사건처분결과 통지 : 구공판, 구약식, 불기소 처분, 이송, (소년·가정) 보호사건 송치 등 검사의 처분 및 그 일자 2. 공판개시 통지 : 공판일시 및 공소제기된 법원 등 3. 재판결과 통지 : 판결 주문, 선고일자, 재판의 확정 및 항소 여부 등 재판 결과 4. 출소 통지 : 피고인의 가석방 자유형의 집행종료에 의한 석방 등 신병상황 5. 보호관찰 집행상황 통지 : 관할 보호관찰소, 보호관찰의 개시 및 종료일자, 보호관찰의 정지일자 및 정지해제일자 등

18 _ 대검 예규 '범죄 피해자 보호 및 지원에 관한 지침' 제21조 (통지대상 사건) ①피해자 통지대상 사건은 피해자로부터 통지요청이 있거나 피해자 통지가 필요하다고 검사가 결정한 사건으로 한다. ②제1항의 피해자 통지요청이 있는 경우라도, 통지함으로써 수사 또는 공판에 지장을 주거나 관계자의 명예 기타 권리를 부당하게 침해할 우려가 있는 경우, 새로운 분쟁 또는 사건을 유발할 염려가 있는 경우에는 통지하지 아니할 수 있다.

19 _ 헌법재판소 1995. 1. 20.자 94헌마246 결정

20 _ 신동운,《효당 엄상섭 형사소송법논집》, 서울대학교 출판부, 2005. 한인섭,《정의의 법 양심의 법 인권의 법》, 박영사, 2014.

21 _ 그러나 헌법재판소는 검사가 작성한 피의자 신문 조서가 전문 증거임에도 불구하고 다른 수사 기관이 작성한 피의자 신문 조서와는 다르게 증거 능력을 인정할 수 있도

록 한 것에 대해 ①검사의 소송법적 지위를 고려하고, 형사소송법이 추구하는 적법 절차에 의한 실체적 진실 발견과 신속한 재판을 위한 것으로, 목적의 정당성과 내용의 합리성을 인정할 수 있고 ②새로운 대법원 판결에 의하여 조서의 형식적 진정 성립만이 아니라 실질적 진정 성립까지 인정돼야 증거로 사용될 수 있는 이상, 검사 작성 피의자 신문 조서의 증거 능력 부여 요건이 다르다고 하더라도, 그로 말미암아 피고인의 방어권 행사가 부당하게 곤란하게 된다든지 평등의 원칙을 위배해 공정한 재판을 받을 권리가 침해된다고 할 수 없으며, ③설사 피고인이 검사 작성 피의자 신문 조서에 대해 그 내용을 부인하는 경우에도 성립의 진정과 특신 상태의 존재를 요건으로 증거 능력이 인정되는 것 역시 적법 절차에 의한 실체적 진실 발견과 신속한 재판을 위한 것으로 목적의 정당성과 그 내용의 합리성 및 정당성을 인정할 수 있다는 점을 근거로, "결국 입법자의 입법 형성의 범위를 벗어난 것이어서 그로 말미암아 피고인의 공정한 재판을 받을 권리 등을 침해한다고 볼 수 없다"라고 판시하면서 4대4 동수로 헌법에 위반되지 않는다고 결정했다. 헌법재판소 2005. 5. 26.자 2003헌가7 결정(다만, 헌법재판소의 이 결정은 2007년 형사소송법이 개정되기 이전의 제312조 제1항 본문 및 단서를 대상으로 하고 있다). 이러한 헌법재판소의 결정은 약 10년 전에 6대2 다수 의견으로 헌법에 위반되지 아니한다고 결정한 헌법재판소 1995. 6. 29. 93헌바45 결정을 그대로 답습한 것이었다.

2007년 개정 전前 형사소송법 제312조 (검사 또는 사법경찰관의 조서) ①검사가 피의자나 피의자 아닌 자의 진술을 기재한 조서와 검사 또는 사법경찰관이 검증의 결과를 기재한 조서는 공판준비 또는 공판기일에서의 원진술자의 진술에 의하여 그 성립의 진정함이 인정된 때에는 증거로 할 수 있다. 단, 피고인이 된 피의자의 진술을 기재한 조서는 그 진술이 특히 신빙할 수 있는 상태하에서 행하여진 때에 한하여 그 피의자였던 피고인의 공판준비 또는 공판기일에서의 진술에 불구하고 증거로 할 수 있다.

22 _ 광주지방법원 해남지원 2001고단416 사건의 재판장이 위헌 법률 심판 제청을 하면서 설시한 내용이다.

23 _ 이와 관련하여, 검사는 공익을 대표하고 인권을 보장하는 객관적 지위의 준사법 기관이므로, 검사 작성 피의자 신문 조서는 그 증거 능력에 있어 법관 면전 조서와 동일하게 봐야 하지만, 공판 중심주의로 인하여 법관 면전 조서보다 증거 능력을 인정받기 위한 요건이 엄격하게 되었다고 하면서, 공판 중심주의 자체가 우리 형사소송법의 이념이 아니라 공판 중심주의를 통한 실체적 진실 발견이 중요한 이상, 준사법 기관인 검사가 공정하고 객관적으로 진행한 수사의 결과물인 피의자 신문 조서에 대해서는 그 증거 능

력을 보다 융통성 있게 부여해야 한다는 주장이 있다(이광수, 〈검사작성 피의자신문조서의 증거능력〉, 《일감법학》, 건국대학교 법학연구소, 2007). 그러나 이는 잘못된 주장이라고 본다. 왜냐하면 ①현재 검사가 준사법 기관으로서의 역할과 기능을 제대로 하지 못하고 있어 ②검사가 수사하는 과정에서 인권이 제대로 보장받지 못하고 있으며 ③검사 작성 피의자 신문 조서의 증거 능력을 너무나 쉽게 인정해 주기 때문에 공판 중심주의가 후퇴할 뿐 아니라 ④실체적 진실 발견도 오히려 어려워지는 경우가 있기 때문이다.

24 _ 대법원 2002. 10. 22. 선고 2002도2167 판결

25 _ '플리바게닝'이란, 미국에 있어 피고인은 기소 사실 인부 절차(arraignment)에서 ①무죄(not guilty), ②유죄(guilty), ③불항쟁(no contest: nolo contendere) 중 어느 하나로 답변하여야 하는데(연방형사소송규칙 제10조), 이와 같은 답변을 둘러싸고 피의자와 검사가 미리 협상(bargaining)을 하는 것을 뜻한다(윤동호, 〈플리바게닝 도입론 비판〉, 《형사법연구》, 한국형사법학회, 2009. 9.).

26 _ 플리바게닝 제도는 ①제도의 법제화 및 ②법원의 관여가 필수적인데, 우리나라의 타건 압박 수사는 법제화된 것도 아니고 법원의 관여도 전혀 배제되어 있으므로, 설사 우리나라에 플리바게닝 제도가 도입된다고 하더라도 타건 압박 수사는 허용될 수 없다고 하겠다. 현재 플리바게닝 제도가 도입되지도 않은 상황에서 검찰이 타건을 활용하는 수사 행태가 부득이 필요하다고 주장하는 것은, 불법적인 암시장을 그대로 운용하겠다는 취지와 마찬가지의 주장이라고 본다.

27 _ 대법원 2008. 5. 29. 선고 2008도2222 판결

28 _ 인권보호수사준칙 제3조 (가혹행위 등의 금지) ①어떠한 경우에도 피의자 등 사건 관계인에게 고문 등 가혹 행위를 하여서는 아니 된다. ②검사는 가혹 행위로 인하여 임의성을 인정하기 어려운 자백을 증거로 사용하여서는 아니 된다. 진술 거부권을 고지받지 못하거나 변호인과 접견·교통이 제한된 상태에서 한 자백도 이와 같다.

29 _ 형사소송법 제327조(공소 기각의 판결) 다음 경우에는 판결로써 공소 기각의 선고를 하여야 한다. 2. 공소 제기의 절차가 법률의 규정에 위반하여 무효인 때

30 _ 헌법 제11조(평등권) ①모든 국민은 법 앞에 평등하다. 누구든지 성별·종교 또는 사회적 신분에 의하여 정치적·경제적·사회적·문화적 생활의 모든 영역에 있어서 차별을 받지 아니한다.

31 _ 후술하는 바와 같이 이런 사례에 관한 판례들이 많이 있다. 그런데 신동운의 《신형사소송법》(법문사)에 따르면 이와 같은 사례가 문제가 되었던 이유는, 개정 전 형법 제62조 제1항 단서 및 제64조 제1항에 의하면 관련 사건 전부가 함께 기소되었더라면 집행유예가 선고되었을 사건이, 잔여 사건이 나중에 추가로 기소되는 바람에 잔여 사건에 대한 집행유예의 선고가 불가능하게 된다든지, 일단 집행유예를 선고받은 자가 유예기간 중 누락 사건이 추가로 기소되어 금고 이상의 형이 확정되는 바람에 앞의 집행유예가 취소된다든지 하는 억울한 사례가 발생하였기 때문이라고 한다.

32 _ 판결문을 보면, 아래와 같은 내용이 추가로 설시되어 있다.
"다만, 종전 사건에서는 피고인이 북한 이탈 주민이었으나, 현재 사건에서는 중국 국적의 재북 화교 출신으로 달라졌고, 주범이라고 할 수 있는 국상걸(연길 삼촌)과의 관계가 종전 사건에서는 피고인이 그 이름을 모르지만 3차례 만나 식사한 사이였다가 현재 사건에서는 외당숙으로 밝혀졌다. 그렇지만 사건 재기 후 수사에도 불구하고 피고인이 종전 사건과 비교하여 외국환거래법 위반 범행에 더 깊숙이 중요하게 가담하였다는 증거는 발견되지 아니하였다."

33 _ 2010. 4. MBC 〈PD수첩〉에서 "부산·경남 지역의 한 건설업자가 25년간 검사들을 상대로 돈과 향응으로 접대를 하였다"라는 충격적인 내용의 보도를 함에 따라 사회적으로 큰 파장이 일어난 사건을 말한다.

34 _ 같은 취지로 정웅석은 〈검찰의 정치적 중립성 확보 방안〉에서 "국민의 이목을 집중시키는 중대 사건에 있어, 일본식의 검찰심사회 제도나 미국식의 대배심 제도를 도입하는 것이 검찰의 기소 재량권 남용을 통제하는 동시에 검찰의 정치적 중립에도 도움이 될 것이다"라고 하면서 "사법 기관에 대한 국민 참여는 거스를 수 없는 시대적 대세이며, 검찰 업무에 대한 투명성과 객관성을 높여 주는 지름길이다"라고 주장했다.

35 _ 검찰심사회의 결정이 권고적 효력만 있어 문제된 사례를 하나 소개한다. '일본 공산당 간부 도청 사건'에 있어, 전화 도청을 행한 경찰관에 대하여 검찰은 경찰 간부의 지시

아래 진행되었음을 인식하고 있었음에도, 경찰 전체의 저항을 의식하여 경찰 당국의 반성과 문제된 간부의 인사이동을 통한 문책을 조건으로 하여 당해 경찰관을 기소 유예 처분했는데, 검찰심사회는 이에 반대하여 범죄의 단속과 국민의 권리를 보장하는 책무를 지니는 경찰관이 도청 범죄를 조직적으로 행한 것은 사회적으로 문제가 크다고 판단하고 불기소 부당 의결을 내렸으나, 검찰 처분에 실제로 반영되지는 않았다고 한다(일본《每日新聞》1988. 4. 28. 조간 1면 및 3면; 오정용, 〈일본의 검찰심사회 제도를 통해 본 또 하나의 시민의 사법참여〉에서 재인용).

36 _ '재판원 제도'는 사법의 핵심이라 할 수 있는 형사 재판 절차에 시민이 직접 참가하는 제도로서, 이 제도를 통하여 시민은 재판원이 되어 재판관과 함께 책임을 분담하면서 판결 내용의 결정에 실질적이고 주체적으로 관여할 수 있게 되었다(자세한 내용은 정진수·이정민의 〈형사정책과 사법개혁에 관한 조사, 연구 및 평가(I)-[4]일본의 사법 개혁 동향〉 참조).

북저널리즘 인사이드   시민의 검찰

검찰 개혁은 해묵은 과제다. 비대한 검찰 권한을 분산해야 한다는 목소리는 많았지만 번번이 공리공담에 그쳤다. 정치권이 내세운 '검찰권 남용'이라는 혐의의 '공소 시효'는 선거 당일 완성되었다. 일시적 군집의 요구에 검찰은 꿈쩍할 필요조차 없었다.

서초동 대검찰청 입구에는 '진실의 눈'이 있다. 언론과 대중은 매끄러운 곡면의 철제 조형물을 지나 조사실로 향하는 거물급 피의자를 주목한다. 그러나 그보다 많은 수의 검사들이 날마다 그 앞을 거쳐 사무실로 향한다. 나는 검사들이 '이 눈은 내 눈'이라고 생각하진 않을까 염려한다. 그 눈이 자신들을 감시하고 감독하기 위해 세워졌다고 여기는 검사들은 많지 않은 것 같다.

저자인 임수빈 변호사는 검사 우병우와 사법연수원 동기였다. 그도 한때는 '칼 좀 쓰는' 검사였다. 그러나 무고한 이에게 칼을 휘두르라는 상부의 지시를 거부하고 검찰을 떠났다. 그는 "지금 검찰은 하지 말아야 할 일을 하고 있다"라고 말한다. 법적 근거가 없는 공권력 행사는 범죄 조직의 폭력과 다름없다. 다만 행위의 주체와 처벌의 주체가 같아 심판받지 않을 뿐이다.

임 변호사는 검사의 역할이 '옳지 아니함'을 '올바름'으로 바꾸는 것이라고 정의한다. 칼은 올바름을 위한 하나의 수

단일 뿐 목적이 되어서는 안 된다고 했다. 그래서 검사는 무관이 아닌 문관이 되어야 한다고 말한다.

이 책은 검찰과 시민 모두에게 전하는 저자의 경험이자 반성이고, 오랜 고민의 결과물이다. '검사님'은 어느 날 갑자기 당신을 찾아올지 모른다. 나도 모르는 사이 내가 '표적'이 될 수도 있고, 과거의 사소한 실수가 '타건'이 되어 손발을 옭아맬 수도 있다. 그때 당신은 어떻게 항변할 것인가. 저자는 이제라도 시민이 검찰의 불법적인 수사 행태를 알아야 한다고 말한다. 알아야 바꿀 수 있기 때문이다.

국가 권력의 행사는 헌법과 법률에 따라야 한다. 검찰 수사의 절차와 방법이 적법해야 검찰권에 정당성이 부여되고, 정의를 바로 세울 수 있다. 지금 검찰은 이런 변화의 요구를 외부 세력의 공격으로 오인하고 있다. 아무리 높은 권력도 스스로 변화하지 않으면 종국에는 무너진다는 것이 역사의 교훈이다. 검찰도 이제 변해야 한다. 없어지라는 것이 아니다. 공익의 대표자이자 인권 옹호 기관으로 거듭나 달라는 말이다. 시대와 시민의 요구이기 때문이다.

서재준 에디터